기독교 민족운동의 영원한 지도자
이승훈

기독교 민족운동의
영원한 지도자
이승훈

| 한규무 지음 |

글을 시작하며

한국사를 공부하다 보면 우리는 두 명의 '이승훈'을 만나게 된다. 만천蔓川 李承薰(1756~1801)과 남강南岡 李昇薰(1864~1930)이 그들이다. 한 분은 우리나라 최초의 천주교 영세자요, 한 분은 개신교 민족운동가이다. 종파는 다르지만 모두 기독교인인 역사적 인물들이다. 필자는 전공이 기독교 민족운동사인지라 아무래도 남강에 대한 관심이 더욱 많았고, 그런 인연 때문인지 한국독립운동사연구소에서 기획한 열전시리즈의 이승훈 편을 맡게 되었다.

남강은 구한말~일제하 국내 민족운동사에 뚜렷한 족적을 남긴 인물이다. 그는 신민회-안명근사건-105인사건-3·1운동 등 굵직한 사건의 복판에 있었다. 안명근사건으로 유배되었다가 다시 105인사건으로 투옥되고, 이어 3·1운동으로 복역한 사례는 그밖에 없을 것이다. 3·1운동 때 기독교계와 천도교계가 연합하는 데도 그의 역할이 컸다. 그의 분신이나 다름없는 오산학교는 아직도 민족사학의 전통을 이으며 많은 인재를 배출했고, 2007년에는 설립 100주년의 경사를 맞았다.

차별과 소외의 땅 평안도에서 태어나 역경을 헤치고 사업가로 성공했다가 민족운동에 투신하여 옥중을 드나들며 민족의 지도자로 우뚝선 그의 생애는 우리에게 교훈과 감동을 준다. 널리 알려진 대로 남강의 민족운동 방략은 실업구국·신앙구국·교육구국으로 요약된다. 이에 따라 그는 상점과 공장, 교회와 학교를 설립했다. 또 서우학회·서북학회·신민회 등 애국계몽단체에서도 활동했다. 그리고 그 근저에는 '민족'이 자리 잡고 있다. 그의 신조도 바로 "민족을 본위로 하라"였다.

그는 고당 조만식과 함께 손꼽히는 국내 민족주의계열의 거두였다. 조만식 역시 오산학교 교장을 지내며 남강을 도운 그의 '단짝'이었다. 그들이 손잡고 일궈낸 오산교정을 많은 인재들이 거쳐갔다. 교사로는 신채호·여준·염상섭·유영모·윤기섭·이광수·이윤재·장도빈·홍명희 등이, 학생으로는 김동환·김소월·김억·김홍일·백인제·이중섭·주기철·한경직·함석헌 등이 그들이다. 이처럼 다방면의 걸출한 인재들이 한 학교를 거쳐간 사례는 흔치 않을 것이다. 이들 모두가 직간접으로 남강의 영향을 받은 것은 분명하다.

남강에 대해서는 김도태의 《남강 이승훈전》 이후 많은 연구가 이루어져 왔다. 특히 남강문화재단에서 펴낸 《남강 이승훈과 민족운동》에 실려 있는 여러 논문과 자료는 그에 대한 연구의 집대성이라 할 만 하다. 하지만 이후 남강에 대한 학계의 연구는 주춤해졌다. 대신 남강을 주제로 한 교육대학원 석사학위논문들이 쏟아져 나왔다. 주로 남강의 교육사상을 다룬 이 학위논문들은, 그 내용의 참신성은 논외로 치더라도, 남강이 한국 근대사나 교회사 외에 교육사에서 차지하는 비중도 짐작케 한다.

2000년대에 들어와 몇 편의 주목할 만한 논저가 나왔다. 김승태는 〈남강 이승훈의 신앙행적에 관한 몇 가지 문제〉와 〈남강 이승훈의 민족의식과 민족운동 방략〉에서 새로운 주장을 내놓았다. 그는 통설과 달리 1907년 초에 이미 남강이 도산 안창호와 만났으며, 기독교인이 된 시점도 1910년보다 앞선 1908~1909년일 것으로 추측했다. 또 조현욱은 〈오산학교와 서북학회 정주지회〉에서 남강의 서우학회·서북학회 활동에 주목했다. 오산학원에서 펴낸 《오산백년사》도 남강에 대한 풍부한 자료를 제공한다. 그 중 논거가 분명한 부분은 이 열전에 적극 반영했다. 따라서 이 책은 기존 연구들을 모아 정리하고 거기에 필자의 평가를 약간 덧붙인 내용이다.

책을 쓰기 전에는 인물의 비중과 분량 때문에 조금겁을 먹었으나, 그다지 까다로운 작업은 아닐 것이라고 생각했다. 하지만 오판이었다. 어떤 인물에 대해 역사학자가 객관적으로 글을 쓴다는 것이 얼마나 어려운지 새삼 느꼈다. 더욱이 열전시리즈의 성격상 주관적 평가는 되도록 줄이고 객관적 서술에 힘쓰면서도 대중성과 전문성이라는 두 마리 토끼를 함께 쫓아야 했다.

어떤 인물에 대해 연구할 때 필자는 그의 인품에 대해서는 별 관심이 없다. 우리가 누구를 역사상의 인물로 꼽는 이유는 그의 인품이 아닌 업적 때문이다. 불효자도 애국할 수 있고, 불량배도 선행할 수 있다. 우리는 생애 전체에 흠집이 없는 인물을 위인이라 부르는 것은 아니다. 하지만 교과서나 위인전을 읽고 알게 된 '위인偉人'들은 차라리 '성인聖人'에 가까웠다. 가난한 집안에서 태어나 역경을 헤쳐나가면서 마침내 큰 뜻을 이루었다거나, 어릴 때부터 효성이 뛰어나고 품행이 올곧았으며, 형제간 우애가 깊고 친구간 신의가 두텁고 자나깨나 국가와 민족을 위해 고민하는 그런 공식이 필자는 싫었다. 그래서 이 책은 기존의 위인전류와는 조금 다르게 쓰고 싶었다. 왜 남강인들 인간적인 약점이 없었으랴.

가끔 이해되지 않는 행동도 있었으며, 1920~30년대 남강의 민족운동 노선에 대해서는 곱지 않은 시선이 있는 것도 사실이다. 이같은 시선은 그 시절에도 있었다. 세인들은 남강이 관리들을 만나고 관청에 드나들자 "남강이 달라졌다"라며 수근댔다. 그것이 변절이 아니었음을 우리는 잘 알지만, 그가 오해의 소지를 제공한 것도 사실이다. 1920년대 후반 오산고보의 동맹휴학도 그와 전혀 무관하지는 않았을 것이다.

동아일보사 사장에 취임한 지 몇 달만에, 또 조선기근구제회 실행위원장에 선임된 지 몇 일만에 사임한 것도 의아스럽다. 3·1운동 때 기독교계와 천도교계의 제휴를 성사시킨 그였지만, 민족의 독립을 위해 사회주의계열과 연대하는 데는 부정적이었다. 그의 장례를 사회장으로 치르기로 하자 사회주의단체들이 반대하고 나선 것도 그 때문이다. 이런 점들을 좀더 깊이 살펴보고 싶었다.

하지만 결과적으로 필자는 또 한편의 '위인전'을 쓰고 말았다. 우선 남아 있는 자료가 대부분 그같은 위인전류의 미담들이다. 특히 1907년 오산학교 설립 이전의 자료들이 대부분 그러하다. 과장·미화된 듯 하지만 그것을 달리 부정할 길이 없었다. 그나마 그런 자료들조차 일치하지 않는 부분이 많아 혼란스러웠다. 또 순수한 개인적 연구가 아니라는 점도 부담이 되었다. 확신이 서지 않는 추정을 섣불리 내세울 수는 없었다. 결국은 필자의 부족 때문임을 부인하지 못한다.

이 시리즈의 다른 필자들도 마찬가지겠지만, 적어도 연보年譜 만큼은 정확히 만들어 보자고 다짐했다. 하지만유년시절 남강에 대한 연보는 자신이 서지 않는다. 자료에 따라 서로 다른 연월일 중 어떤 것이 옳은지도 가려낼 길이 없었다. 하지만 그것이 남강의 생애와 사상을 이해하는 데 지장을 줄 정도는 아니다.

2007년은 남강이 우리의 역사무대에 '공인公人'으로 등장한 지 정확히 100년째 되는 해다. 그 이전 그의 생애는 사업가로서의 성공을 위한 개인적인 차원이었다. 하지만 1907년 그는 신민회에 입회하고 오산학교를 설립하면서 민족운동에 투신한다. 필자의 태만 때문에 한 해 늦어지기는 했지만, 그래도 비슷한 시점에 책이 나오게 된 것을 뜻깊게 생각한다.

이 책을 내면서 여러 분들에게 큰 신세를 졌다. 특히 제 때 원고를 끝내지 못하고 시간을 끌 때 인내로 지켜봐 준 한국독립운동사연구소와 거친 글을 다듬어주고 깔끔한 책으로 만들어준 역사공간 관계자들께 거듭 감사드린다.

2008년 2월
한 규 무 씀

글을 시작하며 4

- 차별의 땅에서 태어나 가난하게 자라다
  차별의 땅, 기회의 땅 12 | 가난한 여주 이씨 집안의 둘째아들 15
  고집 센 유기점 사환 18

- 주인의 신임을 얻으며 사업가로 성공하다
  자립을 위한 수련시절 22 | 행상에서 상점과 공장주인으로 25
  청일전쟁과 러일전쟁 28

- 안창호를 만나 민족의 현실에 눈뜨다
  양반 흉내 33 | 도산 안창호 36 | 민족의 발견과 강명의숙 38
  신민회 회원이 되어 민족운동을 펼치다 39 | 평안북도 지회 책임자 42

- 오산학교를 세우고 민족교육운동에 나서다
  개교식 50 | 동고동락, 솔선수범 53 | 시련과 극복 56
  초기 오산의 교사들 61 | 춘원 이광수 64

- 관서자문론을 외치며 민족 자본을 키우다
  관서문자론 67 | 평양자기회사 69 | 태극서관 72

- 기독교 신앙을 민족운동의 정신으로 삼다
    오산교회와 예수촌 75 | 마지막 황제 순종을 만나다 78

- '안명근사건'과 '105인사건'으로 시련을 겪다

- 조만식과 함께 민족계몽운동에 힘쓰다
    고당 조만식 95 | 석방과 심기일전 99

- '민족 대표'가 되어 3·1운동에 앞장서다
    서북지역의 독립선언 계획 108 | 기독교·천도교 연합을 중재 110
    감옥 생활 118 | 3·1운동과 오산학교 122

- 감옥에서 나와 일본을 시찰하다
    사별과 출옥 125 | 오산학교의 재건 127 | 일본 시찰 133
    상가喪家의 소성笑聲 136

- 민립대학설립운동에 나서고 동아일보사 사장을 맡다
    민립대학 설립운동 138 | 동아일보사 사장 141

- 오산학교를 고등보통학교로 승격시키다
  재단법인 설립 144 | 오산고등보통학교 승격 149 | 재혼 152

- 사회주의계열의 도전과 시련에 부딪히다
  사회주의자들의 도전 155 | 오산고보의 동맹휴학 157
  오산고보의 학생독립운동 160 |

- '성서'와 '조선', 무교회주의자들과 만나다
  기독신우회 163 | 성서조선聖書朝鮮그룹 165

- 오산 교정에 동상으로 우뚝 서다

- 정신은 살아 오산과 조선을 지키다
  유언과 사망 176 | 장례식과 운구 179

이승훈의 삶과 자취 189
참고문헌 193
찾아보기 198

차별의 땅에서 태어나
가난하게 자라다

차별의 땅, 기회의 땅

왕의 외척들이 정권을 잡고 정치를 하는 세도정치世道政治가 시작된 순조 때 평안북도 정주에서는 조선을 뒤흔든 일대 사건이 일어났다. 바로 '홍경래洪景來의 난'이다. 조선시대의 지역 차별, 신분 차별 등이 뒤얽혀 터져 나온 이 사건은, 조선 후기의 사회적 갈등과 모순을 잘 보여주는 것이었다.

몰락한 양반 가문 출신인 홍경래는, 과거에 떨어지자 그것이 서북지역(평안도와 황해도)에 대한 차별 때문이라 생각하고 불만을 품게 되었다. 그 후 전국을 떠돌며 풍수를 봐주는 지관地官으로 생계를 이어가던 그는, 순조가 즉위하던 해(1800) 우군칙禹君則을 만나 사귀며 역모를 꿈꾸게 되었다. 서자 출신으로 역시 차별받던 신분인 우군칙과 의기투합한 홍경래는, 황해도와 평안도 일대의 양반과 상인, 무인들을 모으며 세력을 키워 나갔다. 이들은 전투에 필요한 무기와 물자를 마련하는 한편 광산을 개발한다는 구실로 농민과 유민들을 모아 비밀리에 군사훈련을 시켰다.

마침내 이들은 순조 11년(1811) 12월 정부에 대항하여 무장투쟁을 일으켜 관청을 빼앗고 관리들을 죽였다. 한때 파죽지세로 평안도 일대를 휘어잡았던 이들은, 관군이 반격에 나서자 수세에 몰려 정주성으로 물러났다. 정주성을 포위한 관군은 이듬해 4월 성 밑에 굴을 파고 화약을 터뜨려 성을 무너뜨리고 반군을 진압했으며, 이 과정에서 홍경래도 피살됨으로써 '홍경래의 난'은 실패로 끝났다. 그 후 서북지역에 대한 경계와 차별은 더욱 심해졌으며, 이에 따른 주민들의 반감도 커져갔다. 그리고 정주는 '반역의 고장'이라 하여 한동안 폐허가 되었다.

이제 이 지역 사람들은 과거에 합격해서 양반이나 관리로 출세하겠다는 꿈은 접어야 했다. 그 대신 이들은 상공업에 눈을 돌렸다. 비록 조선시대에는 '사士·농農·공工·상商'이라 하여 상업과 공업을 천시했지만, 신분과 직업을 크게 따지지 않는 이 지역에서는 별로 문제될 것이 없었다. 그만큼 이들은 전통에 얽매이지 않고 새로운 문물을 받아들이는 데도 적극적이었으며, 자립심도 남달랐다. 이에 대해, 장로교 선교사 베어드W. M. Baird는 북쪽 지방을 답사하고 느낀 소감을 다음과 같이 밝혔다.

> 북쪽 지방 사람들은 남쪽 지방 사람보다 더 사람답게 보인다. 그 원인을 살펴보면, 이른바 '양반계급'이라고 하는 것이 뚜렷하게 존재하지 않기 때문이다. …… 북쪽 지방에는 '자립적 중산층'이 우세하기 때문에 희망

평안북도 정주읍 영정거리

에 넘쳐 있다. '자립적 중산층'은 자기들의 생계를 직접 꾸려나가야 하기 때문에 더 많이 육체와 두뇌를 쓰고 있다.

'자립적 중산층independentmiddleclass', 이들이 바로 차별의 땅 평안도를 새로운 기회의 땅으로 일군 주역들이었다. 평안도에서 태어나고 자란 이승훈 역시 차별의 땅을 기회의 땅으로 만든 선각자였다.

가난한 여주 이씨 집안의 둘째아들

'홍경래의 난'이 진압된 지 40년이 지난 1852년(철종 3), 한 가정이 정주로 이사왔다. 식구라고는 단 세 명, 여주驪州 이씨 이석주李碩柱와 부인 홍주洪州 김씨, 그리고 이석주의 어머니 송씨였다.

경기도 여주를 본관으로 하는 이들 가문이 언제부터 평안북도로 이주했는지는 분명치 않으며, 여주 이씨의 족보에도 관련 내용이 나오지 않는다. 구전에 따르면, 이석주의 3·4대 할아버지 때는 평안북도 의주에 살았고, 그의 아버지인 이시복李時馥 때 선천으로 이주했으며, 이석주 때 다시 정주로 이사했다고 한다.

이석주의 직업이 무엇이었는지도 확실치 않다. 글만 읽는 선비였다고도 하고, 지위가 낮은 군인이었다고도 한다. 이들이 선천에서 정주로 이사한 이유는 분명치 않으나, 생활이 넉넉지 않았기에 다른 곳에서 새로운 삶의 터전을 잡아보려고 했던 것 같다. 하지만 정주에서도 이들의 형편은 나아지지 않았고, 하루하루 끼니를 걱정해야 할 만큼 살림이 어려웠다.

정주로 이사 온 뒤 이석주와 홍주 김씨 사이에는 첫째아들 승익昇益이 태어났다. 이어 1864년 3월 25일(음력 2월 18일) 둘째아들이 태어났으니, 그가 바로 남강南岡 이승훈李昇薰이다.

남강이 태어나기 직전인 1863년에는 철종이 세상을 뜨고 이어 고종이 왕위에 올랐다. 고종의 즉위는 단순히 왕이 바뀌었다는 것 이상의 의미를 담고 있었다. 그것은 오랫동안의 이른바 '세도정치'가 끝나고, 나이 어린 고종을 대신하여 그의 아버지 흥선대원군이 정치의 실권을 쥐고 여러 가지 개혁정책을 펴 나가게 되었기 때문이다.

조선시대 남자들에게는 이름이 여럿 있었다. 우선 어렸을 때 부르는 아명兒名이 있었는데, 이승훈의 아명은 승일昇日이었다. 또 성인이 되면서 붙이는 자字가 있는데, 승훈昇薰이 그것이다. 그리고 호적에는 인환寅煥으로 올라 있다. 남강은 그의 호이다.

남강의 집안은 내세울 만한 것이 없었다. 정말 여주 이씨 일파이기나 했는지도 의문이다. 이에 대해 남강의 증손자이자 사학자인 이기백은 이렇게 적고 있다.

> 남강은 평안도의 상놈 출신이었다. 남강의 본本은 여주 이씨로 되어 있으나, 지금 여주 이씨의 족보를 뒤져보면 이 평안도의 일파는 기록되어 있지 않다. 물론 어찌해서 여주 이씨로 통하게 되었는지를 나는 모른다. 그러나 평안도 시골에서 장사꾼 집 사환으로 자란 남강의 가문이 양반일 수가 없는 것은 뻔한 일이다. 상놈—그것도 평안도 상놈—이라면 사회적 신

분은 알아볼 만한 일이다. 그러나 이 사실이야말로 남강을 이해하는 데 가장 중요한 점의 하나가 아닐까 한다.

가뜩이나 가난한 집안에 아이가 또 태어났으니 형편이 나아질 리 없었다. 아버지는 글만 읽으며 변변한 벌이를 하지 못하는 '백면서생白面書生'이었고, 대신 어머니가 날품팔이로 겨우겨우 생계를 꾸려가고 있었다. 그나마 남강이 태어난 지 여덟 달 만인 그 해(1864)10월에 어머니가 세상을 떠나자, 할머니가 손자를 키우게 되었다.

할머니는 성격이 자애롭지만 엄격했으며, 매사에 정성을 다하는 분이었다. 할머니는 순조 때 일어난 '홍경래의 난' 이야기를 남강에게 자주 들려주었다.

이 이야기를 마친 뒤 할머니는 난을 일으킨 것이 비록 백성의 도리는 아니지만, 관리들이 백성들을 못살게 굴고 나라에서 그들을 돌보지 않은 것 또한 잘못이라고 덧붙여주었다.

홍경래의 이야기는 남강에게 큰 감동을 주었다. 비록 그것이 실패로 끝났지만, 차별받는 땅 평안도 출신인 그에게 홍경래는 영웅이요, 반란은 쾌거였다. 뒷날 남강은 다음과 같이 말했다.

홍경래의 쾌거는 당시에 얼마나 서북인의 피를 끓게 했던가. 조선 오백년 간 서북인을 학대해 마침내 서북 사람들이 한없는 숙원을 품게 됐다. 제도의 형식상으로는 별다른 차별이 없었다 하나 조정의 방침으로는 서북 인물은 아무리 과거에 급제하고 인재가 특출나더라도 항상 무슨 반역심이나 있을까 하여 중요한 관직에 임용치 않고 … 근세에 이르러서 탐관오리들이 힘없는 서북 인민을 착취하여 오백만 서북 선비와 백성이 도탄에 빠져 울던 기억이 새롭다.

남강이 평생 허례허식하지 않고 진취적이고 개혁적이며 민중적으로 살아간 데는 타고난 소탈한 품성 말고도 이 같은 서북 사람의 기질과 집안의 분위기에도 영향을 받았을 것이다.

고집 센 유기점 사환

남강은 6세 때 가족과 함께 정주읍에서 동쪽으로 40여 리 떨어진 청정淸亭으로 이사했다. 그곳은 납청納淸이라고도 불렸던 곳으로, 평양에서 의주로 가는 큰 길에 자리 잡은 장시場市였으며, 일찍부터 놋그릇을 만드는 유기업鍮器業이 발달했다. 청정에 새로운 둥지를 튼 남강의 가족은 먹고 살 방법을 찾아야 했다. 아버지는 아는 사람의 주선으로 일자리를 얻었다는데, 정확히 어떤 일이었는지는 알려져 있지 않다. 그리고 어린 남강은 형과 함께 8세 때부터 서당에 나가 또래들과 함께 한문을 배웠다.

그런데 1873년, 남강이 10세 때 아버지와 할머니마저 세상을 떠났다. 이제 형제는 고아가 되었고, 수업료를 낼 수 없어 서당에 다니던 것도 그만두었다. 가난한 집안의 소년이 할 수 있는 일은 별로 없었다. 남의 집에 들어가 심부름이라도 해야 입에 풀칠이라도 할 수 있었다.

남강은 11세 때 김이현이라는 사람의 상점에 사환으로 들어갔다. 말이 사환이지 월급도 없는 심부름꾼이었다. 그러다 다시 임일권이라는 사람이 운영하는 상점의 점원이 되었다. 임일권 밑에서 남강은 열심히 일했다. 타고난 성품이 부지런하고 심성이 곧았기에, 오래지 않아 남강은 주인의 신임을 얻었다.

남강이 12세 때의 일이다. 하루는 주인이 남강에게 선천의 아무개에게서 유기값을 받아오라는 심부름을 시켰다. 그런데 선천에 가서 그 사람을 만났더니, 돈을 주기는커녕 어린 소년이라고 얕잡아보며 오히려 꾸짖었다. 남강이 물건을 외상으로 가져간 문서를 보여줘도 그는 막무가내였다. 남강은 부당한 처사라고 따졌지만, 힘없는 소년으로서는 어쩔 도리가 없었다.

남강은 그에게 돌아갈 여비라도 달라고 했다. 유기값을 받아서 그 중 일부를 여비로 쓰려 했기에, 수중에는 돈 한 푼 가지고 있지 않았다. 하지만 남강은 한 푼도 받지 못한 채 그 집에서 쫓겨났다.

분한 마음을 삭일 수 없었지만, 달리 방법이 없었다. 터벅터벅 힘없이 걷던 남강은, 같은 마을에 사는 김장록이라는 노인을 만났다. 노인은 남강을 보고 어찌된 일이냐고 물었고, 남강은 분한 마음을 억누르며 자초지종을 들려주었다.

남강의 억울한 사정을 듣고 김장록은 괘씸한 생각이 들었지만, 자기의 힘으로는 어쩔 수 없는 일이었다. 대신 자기가 잘 아는 김 진사 집에서 하룻밤 자고 내일 떠나라 하며 남강을 그 집으로 데리고 갔다.

그런데 김 진사 집 앞에까지 온 남강은 안으로 들어가려 하지 않았다. 부잣집에서 하룻밤을 자는 것이 도리가 아니라고 생각했기 때문이었다.

당시 유기 제조공장

평양의 도자기 시장

김장록이 괜찮다면서 함께 들어가자고 해도 소년은 고집을 꺾지 않았다. 그러면 김 진사 집에 잠시만 들렀다가 정주에 있는 자기의 누이 집에서 자자는 김장록의 얘기를 듣고서야 남강은 안으로 들어갔다.

집주인인 김 진사는 부자이면서도 손님을 잘 대접한다고 소문이 나 있었다. 김 진사는 이들을 따뜻이 맞아주었고, 김장록과 술잔을 기울이며 시간 가는 줄 모르고 이야기꽃을 피웠다. 하지만 소년은 방에는 들어가지 않고 차디찬 마루에 혼자 앉아 이들의 대화가 끝나기만을 기다렸다.

그러던 중 어느덧 날이 저물었고, 김장록은 당초 약속과 달리 그냥 그 집에서 자고 내일 아침에 떠나자고 남강을 타일렀다. 하지만 소년은 돌부처처럼 마루에 앉은 채 방으로 들어오려 하지 않았다. 이를 본 김 진사는 기특히 여겨, 김장록에게 소년이 어느 집 자식이냐고 물었다. 이에 김장록이 청정 이석주의 아들이라고 대답하자 김 진사가 깜짝 놀라는 것이었다. 김 진사는 죽은 남강의 아버지 이석주와 알고 지내던 사이였기 때문이었다. 그는 다시 소년에게 부친과의 친분을 이야기하고 방으로 들어갈 것을 권했으나 남강은 요지부동이었다.

김장록은 더 이상 소년의 고집을 꺾을 수 없음을 알고 고개를 절레절레 저으며 김 진사의 집을 나와 소년과 함께 밤늦게 정주의 누이 집에 도착해 하룻밤을 자고 이튿날 남강과 함께 청정으로 돌아왔다.

이처럼 남강은 나이는 어렸어도 이유 없이 남의 신세를 지기 싫어하는 고집스러운 성품이었다. 조실부모하고 혼자의 힘으로 세상을 살아가야 했으므로 남강의 자립심이 이처럼 남달랐던 것은 당연했는지도 모른다.

주인의 신임을 얻으며
사업가로 성공하다

자립을 위한 수련시절

임일권은 큰 놋그릇 공장과 상점을 여러 개 가진 부자였고, 후에는 돈으로 평북 박천博川의 군수 자리를 샀다고 해서 임박천이라고도 불렸다. 당시에는 돈으로 관직을 사는 일이 흔했다. 임일권도 이름뿐인 이 벼슬자리를 얻기 위해 재산의 반이나 쏟아부었다. 비록 실제 군수는 아니었지만 그는 지역에서 영향력을 갖고 있었다.

임일권은 일대에서 손꼽히는 부자였지만 거만하지 않고 성품이 부드럽고 너그러워 사람들의 존경을 받고 있었다. 그는 남강의 어려운 사정을 듣고 남강을 불러 자기 밑에서 심부름을 하며 먹고 살 수 있도록 해주었다.

남강은 임일권의 사환으로 일하면서 어깨너머로 많은 것을 배울 수 있었다. 사랑방에 모여 이야기꽃을 피우는 손님들의 대화를 들으며 세상 돌아가는 사정을 알 수 있었고, 유기를 만들고 파는 것을 지켜보며 장사에 필요한 수완을 쌓을 수 있었다. 남강의 사환 시절은 그가 장차 이름난 장사꾼으로 성장하기 위한 수련 과정이었다.

남강은 누가 보든 보지 않든 맡은 일에 최선을 다했다. 집안 청소와 부엌에서 불 피우기, 재떨이와 요강 비우기, 온갖 심부름을 싫어하기는 커녕 다른 사환 아이가 먼저 할까 싶어 재빨리 해치웠다. 대충대충 하는 법이 없었고 요령을 부릴 줄 몰랐다. 그래서 주인 임씨는 남강의 성실함과 근면함을 칭찬하곤 했다.

그런데 남강의 가슴 한 쪽에는 제대로 배우지 못했다는 아쉬움이 있었다. 그렇다고 해서 남의 사환인 주제에 학교에 보내달라고 할 수도 없는 노릇이었다. 그래서 그는 시간이 날 때마다 글씨 쓰기 연습을 했다. 하지만 책은 고사하고 변변한 종이와 붓조차 없었다. 그래서 남이 쓰다 버린 종이조각을 주워서 거기에 쓰고 또 쓰고 덧칠을 하며 글씨를 썼다. 이렇게 해서라도 공부에 대한 갈증을 씻어내고 싶었다.

이런 그의 모습이 임일권의 눈에 띄었다. 처음에는 저러다 말겠지 생각했지만, 고된 몸을 이끌고 시간이 날 때마다 글씨 쓰기를 하는 남강의 모습이 여간 기특한 것이 아니었다. 임일권은 남강을 불러 글씨 쓰기를 좋아하니 깨끗한 종이에 글을 쓸 수 있도록 해주겠다는 약속을 했다.

만약 남강이 일할 시간에 요령을 피우며 글씨 쓰기를 했다면 주인이 이같이 호의를 베풀었을 리 없다. 자기 할 일은 시키지 않아도 깔끔히 다 하고서 남는 시간에 글씨를 쓴다는데 누가 뭐라 하겠는가. 지금도 남아 있는 남강의 필적을 보면, 불과 몇 년 서당에 다닌 것이 전부인 사람의 글씨라고는 믿어지지 않을 정도로 매끈하다. 비록 그가 정규교육은 제대로 받지 못했지만, 틈나는 대로 꾸준히 연습에 연습을 더한 결과였다.

남강에 대한 임일권의 신뢰는 날로 더해갔다. 이제 남강은 단순한 심부름꾼이 아니라, 임일권이 사업에 대해 이런저런 상의를 하고 조언도 얻는 믿음직한 존재로 커갔다.

15세 때의 일이었다. 황해도 안악에서 어떤 사람이 와서 놋그릇 수천 냥어치를 주문하고는, 그 값의 일부만 선금으로 치르고 나머지는 돌아가서 보내겠다고 했다. 주인 임씨는 그러자고 했지만 남강은 믿을 수 없다며 주인을 말렸다. 그리고는 자기가 안악까지 함께 가서 잔금을 받아 오겠다고 했다. 임일권은 그렇게 하라고 했다.

물건을 가득 실은 배가 안악 해안에 닿았을 때 그 사람은 소와 말을 가져온다고 하면서 자신의 집으로 갔다. 남강은 짐을 풀어 전부 창고에 들이고는, 창고 주인에게 누가 오더라도 내주지 말라고 신신당부했다. 얼마 뒤 그 사람이 소와 말을 끌고와 물건을 내달라고 했으나, 남강은 잔금을 치르기 전에는 안 된다고 버텼다. 어르기도 하고 달래기도 했지만 남강은 요지부동이었고, 그는 결국 그냥 돌아갔다. 나중에 알고 보니 그 사람은 처음부터 물건을 떼어먹을 요량으로 이런 일을 꾸민 것이었다. 남강은 바로 돌아오지 않고 그곳에서 몇 달간 머물며 가지고 간 물건들을 모두 팔아서 돌아왔다. 임일권이 탄복했음은 물론이다.

1878년, 15세의 남강은 전주 이씨 이도제의 딸 경강과 백년가약을 맺었다. 아직도 얼굴에 홍조를 띤 어린 나이였지만 어엿한 가장이 된 것이다. 이제 남강도 슬슬 독립해서 자기의 사업을 벌일 때가 가까워지고 있음을 느꼈다.

행상에서 상점과 공장주인으로

1887년, 남강의 나이 24세 때 주인 임일권은 군수 자리를 산 뒤 경영 일선에서 물러나 남강에게 공장과 상점을 맡기려 했다. 비록 자식은 아니지만 남강을 자신의 후계자로 삼으려 한 것이다. 이것은 어찌 보면 하늘이 주신 기회였다. 하지만 남강은 독립해서 자신의 장사를 하고 싶어 이 제의를 정중히 거절했다.

임일권은 남강의 반응에 잠시 당황했으나, 이내 그의 깊은 속내를 알아차렸다. 누구도 그의 고집을 꺾을 수 없다는 것을 잘 알기에, 자기의 뜻을 접고 남강을 독립시키기로 했다. 그리고 그에게 장사 밑천으로 300냥이라는 거금을 대주었다.

이제 남강은 10여 년 동안 주인으로 모셨던 임일권의 밑에서 나와 이 장터 저 장터를 돌아다니며 놋그릇을 팔았다.

정주군에서는 정주읍이 1·6일, 고읍이 2·7일, 청정이 3·8일, 운전이 4·9일, 갈산이 5·10일 식으로 5일장이 섰다. 이들 다섯 곳만 돌아다녀도 한 달 내내 물건을 팔 수 있었다. 처음 남강은 정주읍과 청정, 고읍 등지에서 놋그릇을 팔다가 점차 경험을 쌓은 뒤 평안도 일대를 돌아다녔다. 황해도의 안악·신천·재령·봉산에까지 무대를 넓혔다. 남강은 특히 황해도에서 많은 이익을 남겼다.

하지만 그것만으로는 만족스럽지 않았다. 남이 만든 물건을 받아서 여기저기 다니며 팔 것이 아니라, 자기도 상점을 열고 공장을 세워서 본격적으로 유기업에 뛰어들고 싶었다. 하지만 그럴 만한 자본이 없었다. 그래서 친구의 소개로 철산의 거부 오희순을 찾아갔다.

철산의 오씨 집안은 중국과 무역을 해서 큰돈을 벌었고, 평안도 일대 장사꾼들에게 돈을 빌려 주곤 했다. 오희순도 그 중의 한 사람이었다. 남강도 돈을 빌리기 위해 오씨를 찾아갔다. 그런데 오희순은 자기를 찾아온 사람들에게 자기가 조상의 묘 앞에 석물石物을 세운 것을 자랑하고, 자기 삼촌뻘 되는 사람의 흉을 보는 것이었다.

이 때 남강은 자기 조상 묘에 석물을 세운 게 무슨 자랑거리며, 젊은이들 앞에서 자기 집안의 흠 되는 말은 하지 않는 것이 좋을 듯하다고 말했다.

이 말을 들은 오씨는 화가 치솟아 방문을 박차고 나가버렸다. 돈을 빌리기 위해 오씨를 찾아와 함께 이야기를 듣던 사람들은 이제 모두 틀렸다고 하면서 남강을 거칠게 원망했다. 남강은 자기 때문에 다른 사람들도 피해를 보게 되어 미안한 생각이 들었지만, 원래 바른말을 하지 않으면 못 견디는 성품인지라 어쩔 수 없었다.

그런데 조금 있으니 오희순이 사람을 보내 남강을 찾는 것이었다. 사람들은 남강이 단단히 혼날 것이라 생각했다. 다시 마주한 두 사람 사이에는 잠시 어색한 침묵이 흘렀다.

잠시 후 오희순이 남강에게 필요한 돈이 얼마인지 물었다. 오희순은 남강의 직언을 듣고 기분이 상했지만, 남에게 돈을 빌리러 온 처지임에도 바른말을 하는 그의 태도에서 호감을 느낀 것이었다. 남강이 필요한 금액을 말하자, 그는 두말 하지 않고 그 돈을 빌려주었다. 남강은 그 돈을 자본으로 해서 청정에 유기 상점을 내고 공장도 세웠다. 그는 공장에서 놋그릇을 만들어 자기 상점에서 팔면서 평소 친분이 있던 행상들에게 도매로 넘겨주기도 했다.

한편 남강은 유기 공장에서 개혁을 단행했다. 첫째, 노동환경을 개선했다. 햇빛이 잘 들고 통풍이 잘 되는 곳에 공장을 지었으며, 날마다 청소를 하여 노동자들이 쾌적한 환경에서 일하도록 만들고 그들에게 작업복을 주었다.

둘째, 노동조건을 개선했다. 임금을 올려주고 정해진 시간이 되면 휴식을 하도록 했다. 노동자들의 사기를 올려주고 적당한 휴식시간을 주는 것이 오히려 생산능률을 높인다는 것을 경험으로 알고 있었기 때문이다.

셋째, 노동자들의 출신을 따지지 않고 차별 없이 온정을 베풀었다. 이것은 남강 자신이 오랫동안 유기 공장을 드나들면서 노동자들이 나쁜 환경에서 노예처럼 일하는 것을 보고 느낀 바가 많았기에 그것들을 개선하기 위함이었다. 좋은 조건을 마련해 주고 인격적으로 대우해주니 작업능률이 점점 올라갔다. 처음에는 이를 비웃던 사람들도 점차 이를 본받게 되어, 청정을 비롯한 인근 유기 공장들의 작업환경도 덩달아 개선되었다. 그 결과 사업이 날로 번창하여 평양에 지점을 내기에 이르렀다.

청일전쟁과 러일전쟁

이렇듯 승승장구하던 남강에게도 시련이 밀어닥쳤다. 바로 1894년 일어난 청일전쟁이었다. 동북아시아의 강자 청나라와 일본의 갈등이 엉뚱하게 조선에서 터져버린 것이다. 난데없이 조선은 전쟁의 불길에 휩싸였고, 군인들의 이동로였던 정주도 그 불길을 피할 수 없었다. 어쩔 수 없이 남강도 이것저것을 챙겨 덕천으로 피난을 떠나게 되었다.

남강은 그 위급한 상황에서도 자기에게 자본을 빌려준 물주에 대한 신용을 저버리지 않았다. 오희순을 찾아가 원금과 이자를 갚은 뒤 피난길에 나선 것이다. 하지만 상점과 공장은 그대로 놓고 떠날 수밖에 없었다.

이듬해 전쟁이 끝난 뒤 청정으로 돌아와 보니 공장과 상점은 모두 폐허가 되어 있었다. 어렵게 쌓아올린 기반이 한순간에 무너져 내린 것이다. 남강은 다시 오희순을 찾아가 자본을 빌려주면 틀림없이 성공해서 갚겠노라고 부탁했다. 그런 남강을 물끄러미 바라보던 오희순은 아무 때나 본전만 갖다 주면 된다는 조건으로 2만냥을 빌려주었다.

그 당시 오희순에게 돈을 빌려 장사한 사람이 스무 명도 넘었지만, 전쟁의 와중에 빌려간 돈을 갚고 피난을 떠난 사람은 남강 한 사람뿐이었다.

남강에게는 신용이 바로 자본이었다. 그는 곧 공장을 다시 세우고 상점도 새로 열어 놋그릇을 팔았다. 당시는 다른 공장들이 아직 가동을 하지 못하고 있을 때인지라 남강은 인근의 상권을 독점할 수 있었다. 그는 다시 평양에 지점을 열었고, 이어 진남포에 새로운 지점을 냈다.

1901년 남강은 윤성운·김인오 등과 합자해서 무역업에 손을 댔다.

평양 전경

청일전쟁 직후 파괴된 평양 교외 모습

청정의 공장과 상점의 운영은 조카 이자경에게 맡기고 진남포 지점은 김정민에게 맡겼다. 그리고 자신은 평양과 서울, 인천을 오가며 새로운 사업을 벌였다.

마침 1899년 우리나라 최초의 철도인 경인선이 개통되어 서울과 인천의 물류수송량이 늘어나자 운송업에 손을 댔고, 인천항으로 수입되는 석유·약품 등을 사서 황해도·평안도에서 팔았다. 서울로 들어오는 종이를 사서 값이 오르면 팔아 큰돈을 벌기도 했다.

이제 그는 누구도 무시하지 못할 무역상으로 떠올랐다. 그가 움직일 수 있는 자금은 50만 냥에 이르렀다. 정보에도 밝아 어디서 어떤 물건을 사서 어디에 팔면 얼마나 남을지 꼼꼼히 조사해서 큰 이득을 남겼다. "이승훈이 사들인다" 하면 물건값이 오르고, "이승훈이 내다판다" 하면 물건값이 떨어질 정도였다.

하지만 큰돈을 벌려다 오히려 곤경에 빠지기도 했다. 1902년의 일이다. 당시에는 새로운 화폐인 백동화가 넘쳐나 옛날 화폐인 엽전의 가치가 지역에 따라 달랐다. 예컨대 서울에서 엽전 두 냥을 주어야 살 수 있는 물건을 부산에서는 한 냥만 주면 살 수 있었다. 부산에는 엽전이 적었기 때문이다.

이 정보를 들은 남강은 엽전 1만 냥을 모아 배편으로 부산에 보냈다. 그런데 이 배가 목포 근처에서 일본 영사관 소속의 배와 부딪쳐 침몰하고 말았다. 남강의 엽전 1만 냥이 고스란히 날아갈 판이었다. 남강은 일본 영사관을 상대로 소송을 내고 배상을 요구했다. 바다에 가라앉은 것은 1만 냥이지만 예정대로 부산에 닿았다면 2만 냥의 가치가 있었을 것이니 2만 냥을 배상해 달라는 것이었다. 이 소송은 결국 1만 냥만 돌려받고 마무리되었다. 대한제국 정부가 일본의 눈치만 보지 않았더라도 제대로 배상을 받을 수 있었을 것이다.

러일전쟁 첫 해전이 일어난 제물포항

　남강은 시세의 변화를 눈여겨보았다가 도전적으로 사업을 벌여 큰 이득을 얻기도 했지만 반대로 예기치 못한 상황이 벌어져 적지 않은 손해를 보기도 했다. 황해도에서 수수를 많이 사들였지만 제때 팔리지 않아 손실을 입었고, 명태를 많이 사들여 북어 값이 오르기를 기다렸지만 명태가 많이 잡혀 오히려 손해를 보기도 했다. 이처럼 놋그릇의 제조와 판매를 제외한 무역업은, 안정적·지속적인 수익보다는 시세차익에 따른 일확천금을 노리는 모험적인 측면도 있었다. 특히 1903~1904년처럼 국내의 정세가 불안할 때는 그 위험성이 더욱 컸다.

　1904년 러일전쟁은 그에게 결정적인 타격을 주었다. 전쟁이 일어난다는 소문이 나돌자 그는 이 기회를 이용해 큰 사업을 벌이려 했다. 으레

전쟁 때는 우피牛皮, 즉 소가죽의 값이 치솟게 마련이었다. 군인들의 혁대와 군화 등을 만드는 데 우피가 많이 쓰였기 때문이다. 이에 남강은 우피 2만 장을 사서 배에 싣고 만주 영구營口로 건너가 비싸게 팔려고 했다.

그런데 전쟁이 뜻밖에 빨리 끝나는 바람에 그는 엄청난 양의 우피를 헐값에 팔아버려야 했다. 중국 상인들이 처음 약속과는 달리 물건을 받아주지 않았기 때문이다. 결국 그는 이득은 커녕 막대한 손해를 입은 채 돌아왔다.

승승장구하던 무역상 남강은 깊은 좌절의 나락에 빠지고 말았다. 그리고 날이 갈수록 민족의 운명 역시 일제의 마수에 걸려 점차 기울어 가고 있었다.

안창호를 만나
민족의 현실에 눈뜨다

양반 흉내

남강이 열심히, 그리고 성실히 일한 것은 자기와 가족을 위해서였다. 조실부모하고 제대로 배우지 못한 채 남의 밑에서 오랫동안 일해야 했던 남강에게 자수성가하여 집안을 일으켜 세우는 것은 무엇보다 중요한 일이었다. 그에게는 집안이 중요했지 아직 민족은 관심 밖에 있었다. 한때 주인으로 모셨던 임일권이 그랬듯이 1899년 남강이 돈을 주고 참봉參奉 벼슬을 산 것도 그 같은 이유에서였다. 상놈 출신인 그는 이렇게 해서라도 집안의 위신과 자신의 체면을 세워보려 했다.

이어 남강은 평안도 각지에 흩어져 있는 친척들을 용동에 모으고, 자기 재산을 털어 서당을 세우고 훈장을 모셔서 자제들에게 한문과 경전을 가르쳤다. 풍수쟁이를 불러 좋은 터를 찾아 가족공동묘지도 만들었

참봉 시절의 남강

다. 혼인도 되도록 양반 집안과 하려고 애써 자녀들을 지역 양반가문과 결혼시켰다. 아직도 그의 사고는 조선왕조의 구습에서 완전히 자유롭지 못했던 것이다.

사실 사업이 실패하기 이전 남강의 위세는 대단했다. 비록 그가 참봉의 자리를 돈으로 사기는 했지만, 재력과 명망을 갖추고 있었기에 누구도 함부로 하지 못했다. 당시 평안감사였던 민영철이 주민들에게 돈을 거둬 평양에 서궁西宮을 지으려다 남강이 반대여론을 일으켜 중지한 일이 있었다. 민영철은 또 평양의 애연당愛蓮堂을 헐어 그 자리에 자기 첩의 집을 지으려 했다가 역시 남강 때문에 중단했다. 남강은 자신이 옳다고 생각하면 누구의 눈치도 보지 않고 할 말은 하는 성격이었다.

하지만 사업에 실패한 뒤 남강의 기세는 한풀 꺾였다. 방황하던 그는 황해도 안악의 연등사에 가서 머리를 식혔다. 이 때 안중근의 사촌동생 안명근이 그를 찾아와, 이 나라가 살 길은 국민들을 교육시키는 것밖에 없으니 이 일을 위해 힘써달라고 부탁했다. 하지만 실의에 빠진 남강에게 이 같은 소리는 귀에 들어오지 않았다.

집으로 돌아온 남강은 서당의 훈장에게 경서를 배우는 한편 서울에서 배달되는《황성신문》과《대한매일신보》등 신문도 열심히 읽었고, 가끔 평양이나 서울에 갔다 오곤 했다. 그러면서 점차 세상 돌아가는 소식

남강의 용동집

에 관심을 갖게 되었다.

그러던 중 일본의 강요로 1905년 을사늑약이 맺어졌다. 주권을 일본에 빼앗긴 것이다. 이에 영향을 받아 남강의 가슴 속에도 어떤 사명감이 자리 잡았다. 나라의 운명이 풍전등화와 같은 이 때 자신이 할 수 있는 일은 무엇일까 고민하기 시작했다.

남강이 1907년 2월 서우학회에 입회한 것도 그 같은 고민의 결실이었다. 서북지역 인사들로 구성된 서우학회는, 국권회복과 민권신장을 목표로 한 애국계몽단체였다. 따라서 남강은 그 회원이 되어 서울에서 활동하는 서북출신 인사들과 교류하며 민족의 계몽을 위해 힘쓰게 되었다. 그는 서우학회가 서북학회로 개편되자 이에 가입했고, 1908년 5월에는 서북학회 정주지회의 설립을 신청해서 인가를 받기도 했다. 어떻게 하면 이 민족을 계몽시켜 국권을 회복할 수 있을까, 이것이 남강의 새로운 관심이요, 고민이었다.

도산 안창호

그 무렵 남강은 자신의 삶을 완전히 뒤바꾸는 계기를 맞는다. 바로 1907년 도산 안창호와의 만남이었다.

안창호는 평안남도 강서 출신으로, 남강과 같은 서북지역 사람이었다. 그는 일찍이 1897년 21세 때 평양의 쾌재정快哉亭에서 피끓는 연설을 해서 명성을 날렸다. 안창호의 연설은 청중을 끌어들이는 힘이 있었다. 안창호가 단에 올라서면 우레 같은 박수가 터져 나왔다. 일본인들까지도 안창호는 세 치 혀로 백만 군의 힘을 낸다고 두려워했다.

미국으로 건너가 동포사회에서 계몽운동을 펼치던 안창호는 1907년 2월 미국에서 일본을 거쳐 귀국하여 서울에 이어 3월 서북지방에서 순회강연을 했다.

평양 모란봉에서 안창호가 연설을 한다는 소식을 들은 남강은 평양으로 건너가 구름같이 모인 인파에 섞여 그의 연설을 경청했다. 그 내용은 세계의 사정이 어떻게 돌아간다는 것, 서양제국이 발달된 문명을 무기로 동양을 침략해 오고 있다는 것, 일본이 서양을 흉내 내어 청일전쟁과 러일전쟁 이후 한국을 침략하려 한다는 것, 나라를 잃지 않으려면 구습을 버리고 국력을 길러야 한다는 것, 그리고 이를 위해서는 무엇보다 교육이 급선무라는 것 등이었다. 안창호는 이렇게 외쳤다.

남이 자기를 업신여기는 것을 우리는 분하게 생각하거니와, 나 스스로 자신을 업신여긴 연후에 남이 나를 업신여김을 알아야 할 것이외다. 우리에게는 오직 한 가지 길이 있으니, 삼천리 방방곡곡에 새로운 교육을 일으켜 이천만 한 사람 한 사람이 덕과 지식과 기술을 가진 건전한 인격이 되고, 이 같은 새 사람들이 모여 서로 믿고 돕는 성스러운 단결을 이루어 민족의 영광을 회복하는 기초를 닦는 일이 있을 따름입니다.

청년시절의 도산 안창호

안창호는 뜨거운 눈물을 쏟으며 청중에게 호소했고, 남강은 큰 감명을 받았다. 연설이 끝난 뒤 남강은 앞으로 나가 안창호에게 자기를 소개했다. 안창호 역시 남강의 명성을 잘 알고 있던 터라, 둘은 반갑게 인사하고 짧은 대화를 나누었다. 이들은 다시 만날 것을 기약하고 헤어졌다.

그런데 남강은 1907년 2월 서우학회에 입회하고, 그 해 3월 안창호가 서우학회 집회에 참석해서 환영을 받았으니 이 때 남강이 그를 만났을 가능성도 있다.

민족의 발견과 강명의숙

안창호와 만난 뒤 남강은 새로운 사람이 되었다. 그는 구습의 상징인 상투를 자르고 술과 담배도 끊었다. 용동으로 돌아온 남강은 마을 사람들을 모아놓고 도산에게 들은 연설 내용을 들려주었다. 그리고 서당을 고쳐 구학문이 아닌 신학문을 가르치기로 했다. 도산의 말대로 신교육을 위해 당장 발 벗고 나선 것이다.

남강은 자기 집을 지으려고 준비해둔 목재와 기와를 들여 서당을 새롭게 단장했다. 직접 벽지를 바르고 회칠도 했으며, 칠판과 백묵도 갖추어 놓았다. 종각鐘閣을 세우고 종도 달았다. 이어 한문만 가르치던 훈장을 내보내고 대신 김덕용이라는 선생을 모셔와 신교육을 시작했다. 새 학교의 이름은 '강명의숙講明義塾'이라 붙였다. 지금으로 치면 초등교육기관으로, 산술·수신修身·역사·지리·체조 등의 과목을 가르쳤다.

남강은 양반 행세도 그만두었다. 조선민족 전체가 상놈이 되는 판국에 여주 이씨만 어떻게 양반이 될 것이며, 한다 하는 가문들도 세계적 상놈이 되는 시국에 본래 상놈이야 두말할 것이 있겠냐며 집안을 양반 가문으로 일으켜 세우려던 뜻도 접었다.

어쩌면 남강이 무역업에 크게 실패한 것이 민족을 위해서는 차라리 잘 된 일이었는지 모른다. 만약 그가 성공해서 큰돈을 벌었다면 계속해서 양반 행세를 하며 민족의 운명에는 별 관심을 보이지 않았을지도 모르기 때문이다.

1907년 여름 경성고아원의 후원금을 모으기 위해 후원위원이 평양에

왔다. 이 때 마침 평양여관에 머물고 있던 남강은 고아원을 도와달라는 글을 읽고 즉시 5원을 후원위원에게 주었으며, 이 해 겨울 서울에 올라온 기회에 다시 5원을 고아원에 보냈다.

비록 큰돈은 아니지만, 이제 남강은 어려운 이웃에게도 눈길을 돌릴 줄 아는 열린 마음을 갖게 된 것이었다. 남강의 관심사는 이제 자기와 가족의 행복이 아니었다. 풍전등화의 위기에 놓인 민족의 장래가 바로 그의 새로운 관심사였다.

신민회 회원이 되어 민족운동을 펼치다

얼마 뒤 남강은 다시 안창호와 만났다. 이 자리에서 도산은 남강에게, 자신이 만들려는 '신민회新民會'라는 비밀단체에 가입해달라고 부탁했다. 그는 국민들에게 실업의 길을 가르치고 그들 사이의 친목을 도모하는 신민회의 설립 취지에 대해 설명했다. 평안도의 대표적 실업가인 남강의 귀에 쏙 들어오는 말이었다.

하지만 신민회의 목적은 여기에 그치는 것이 아니었다. 그 궁극적 목표는 실력 양성을 통한 국권의 회복이었고, 이를 이루기 위한 항일비밀단체가 바로 신민회였다.

신민회는 1906년 말 미국 캘리포니아주 로스앤젤레스 남쪽 리버사이드에서 안창호의 발의로 만들어진 단체였다. 그는 국권 회복을 위해서는 실력 양성이 급선무라 생각하고 미국 내에 있는 한국 애국지사들과 '대한신민회'를 조직했다.

양기탁　　　　　　　이동녕　　　　　　　이동휘

　　이어 1907년 2월 귀국한 그는 각지에서 강연회를 열고 동지들을 모았다. 그는 급격하고 격렬한 무력투쟁보다는 민족의식의 계발과 교육·산업의 발전이 중요하다고 생각했다. 이에 따라 안창호·양기탁·유동렬·이갑·이동령·이동휘·전덕기 등 7명이 창건위원이 되어 신민회가 비밀리에 조직되었다.

　　신민회는 중앙에 회장·부회장·총감독·의사원·재무원·집행원·감찰원을 둔 것으로 보인다. 이들이 최고지도부를, 각 도에서 선정된 의사원이 모여 본회의 의결기관을 이루었다. 지방조직으로는 각 도에 총책임자로서 도총감 아래 군감·반을 편성했다.

　　신민회에는 중심으로 하는 언론활동 세력, 신교육구국운동을 전개하던 세력, 평안도 일대를 중심으로 활발하게 성장하고 있던 상인과 실업가 등 민족자본가 세력, 해외 국권회복운동 단체들이 참여했다. 신민회는 비밀결사여서 조직을 철저히 관리하여, 일반회원들은 종적으로만 연

전덕기　　　　　신채호　　　　　이갑

결돼 횡적으로는 동지가 누구인지 알 수 없었다.

또한 회원은 일정한 기간 동안 엄격한 심사를 거쳐 입회시켰다. 신민회를 비밀결사로 조직한 이유는 일제의 방해와 탄압을 최소화하기 위해서였다. 신민회의 회원수도 비밀결사였기 때문에 정확히 파악할 수 없으나 대체로 800여 명으로 보고 있다.

신민회는 비밀결사였기 때문에 그 실체를 정확히 파악할 수 없으나, 중앙에 본부와 지방에 지회를 두고 국권회복을 위해 계몽운동과 산업활동을 전개했다. 각지에 학교와 학회를 세우는 한편 공장과 상점 등을 만들어 민족자본의 육성에도 힘썼다. 그리고 국외에 독립군 기지를 건설하려는 계획도 세우고 있었다. 아울러 《대한매일신보》와 《소년》 같은 신문·잡지는 신민회의 기관지 역할을 했다.

평안북도 지회 책임자

이 같은 신민회의 활동에 이승훈이 동참한 것은 항일민족운동을 위해 자신을 바치기로 한 것이나 다름없었다. 남강은 신민회 평안북도 지회의 책임자가 되어 동지들을 속속 모아 국권회복운동에 합류시켰다.

신민회의 평안북도 조직은 평안남도에 비해 범위도 넓고 회원도 많았다. 평남 지회는 평양의 대성학교·숭실학교·일신학교 등 학교의 교사와 학생들을 중심으로 이루어진 조직이었지만, 평북 지회는 선천 신성학교와 정주 가명학교의 교사와 학생들은 물론 의주·곽산·철산·용천 등지에까지 그 조직이 뻗쳐 있었다.

남강의 권유를 받아 신민회에 들어온 사람들은 김시점·김용선·김인도·백남준·송자현·양준명·오택의·이도명·이명룡·이용화·임경엽·차균설·편강렬 등이었다. 이들의 직업은 교사와 학생은 물론 잡화상·무역상·대부업자 등에 이르기까지 다양했다. 이는 사업가 출신인 남강이 조직의 책임을 맡았기 때문에 나타난 현상이다.

신민회는 회원들끼리도 누가 회원인지 모르고 있었으며, 심지어 회명이 무엇인지조차 모르는 회원도 있었다. 특히 남강은 확실히 믿을 만한 사람이 아니면 입회시키지 않았다. 하루는 남강이 대명학교의 차균설이라는 청년을 찾아가 다음과 같은 대화를 나누었다.

"요즘 청년들은 어떤 생각들을 하고 있는가?"
"실업가로 성공하고 싶어합니다."

신민회의 기관지 역할을 한 《소년》

"청년들이 그런 낡은 생각을 가져서는 안 되지. 더욱 고상한 생각을 갖도록 하게나."

그 누구보다 실업의 중요성을 잘 알고 있던 남강이었지만 개인적 출세에만 관심을 갖는 청년들의 세태를 꾸짖은 것이었다. 뒤에 남강은 다

평양의 대성학교

시 그를 만나 물었다.

"내가 일전에 자네에게 했던 말이 무슨 뜻인지 생각해 봤는가? 그래, 자네는 나라를 위해서 피를 흘릴 수 있는가?"
"글쎄요. 백성 된 도리로서 마땅히 그리 해야겠지만 제가 정말 그리 할 수 있을지는 잘 모르겠습니다."
"이 자리에서 분명히 말해보게. 자네는 나라를 위해 무엇을 하겠는가? 나라를 위해서는 자기의 몸을 바치지 않으면 안 되네."
"예, 나라를 위해 제 몸을 바치겠습니다."

이렇게 해서 차균설은 신민회 회원이 되었다. 또 강봉우라는 청년이 나라를 위해 몸을 바치겠다는 뜻으로 손가락을 자른 적이 있었는데, 이 소문을 들은 남강은 그를 평양자기회사의 직원으로 받아들인 뒤 신민회 회원으로 만들었다.

하지만 비밀조직인 신민회만으로는 표면적이고 대중적인 민족운동을 벌이기가 어려웠다. 이에 남강은 1909년 8월 윤치호·최남선·차리석 등 12명의 발의로 신민회의 외곽단체인 청년학우회를 만들었다.

청년학우회는 비정치적인 인격수양을 내세웠으나 실제로는 국권 회복을 위한 청년단체였다. 이들은 무실·역행·자강·충실·근면·정제整齊·용감 등을 강령으로 삼고, 덕육德育·체육體育·지육智育을 실천방안으로 하여 강연회·강습회·토론회·순회강연, 그리고 기관지 및 서적 발행 등의 사업을 추진했다. 조직은 중앙의 총회와 지방의 연회聯會로 구성되었다.

청년학우회는 설립위원장 윤치호, 총무원 안태국, 서기원 옥관빈 등을 선출하고 지방연회 조직에 나서서 1909년 한성연회를 시작으로 1910년 평양연회·의주연회·안주연회 등을 만들었다. 하지만 1910년 8월 일제의 강제병합으로 그 뜻을 이룰 수 없었다.

오산학교를 세우고
민족교육운동에 나서다

신민회의 조직과 활동으로 분주한 나날을 보내면서도 남강은 신교육운동의 일환으로 1907년 12월 24일 오산에 학교를 세웠다. 이것이 바로 남강의 분신이나 다름없었던 민족교육의 요람 오산학교五山學校였다. 이 학교를 세운 취지를 남강은 아래와 같이 밝혔다.

내가 이 학교를 경영하는 것은 오직 우리 민족에 대한 나의 책임감 때문입니다. 내가 학교를 경영하거나 그 외 사회의 모든 일을 할 때 신조로 삼고 나가는 것은 첫째, '민족을 본위로 하라'는 것과 둘째, '죽기까지 심력을 다하라'는 것입니다. 나는 이것으로 어떠한 곤란과 핍박과 위험이 앞에 있더라도 싸워 이기고 또 위안을 얻습니다.

학교를 통한 교육사업은 곧 구국운동과 같은 것이었다. 그는 교육만

이 일제의 침략에서 민족을 구원하는 수단이며, 그것이 자기에게 맡겨진 사명이라고 생각했다. 초등교육기관인 강명의숙에 이어 중등교육기관인 오산학교가 세워짐으로써 남강의 교육구국사업은 더욱 체계를 갖추고 속도를 낼 수 있게 되었다.

1905년 일본이 강제로 을사늑약을 맺어 주권을 빼앗자 각지에서 의병이 일어나고 자결하는 사람들도 있었다. 남강은 그들의 용기와 기개도 훌륭한 것이지만, 그것보다는 민족의 계몽과 각성이 더 시급한 일이라 여겼다.

오산은 정주읍에서 남쪽으로 8킬로미터쯤에 있는 곳인데, 익주 고성을 중심으로 동북쪽에 연향산과 해성산, 서쪽에 제석산, 서남쪽에 천주산, 남쪽에 남산봉이 둘러있어 붙여진 이름이다.

일찍이 남강은 용동에 집을 짓고 여주 이씨의 집회소를 만들었다. 여기에는 옛날 고려시대의 익주성터가 있고, 산은 그리 높지 않으나 골짜기가 아름답고 꼭대기에는 장군바위가 있으며, 그 산을 넘으면 서해가 나왔다. 산 동쪽 골짜기에는 작은 시내가 흐르고 그 시내가 끝나는 곳에 자리한 마을이 용동이다.

안창호를 만나서 삶의 방향을 바꾼 남강은, 신교육을 위해 중등 과정의 교육기관이 필요하다고 생각하여 사흘 밤낮으로 학교를 세울 궁리를 했다. 하지만 자금이 문제였다. 그는 지역 유지들을 찾아다니며 도와 달라고 간청했지만 신통한 반응을 얻지 못했다. 유기업이나 무역업처럼 돈이 되는 일도 아닌 교육사업인지라 사람들이 그 중요성을 깨닫지 못했기 때문이다. 고민 끝에 그는 정주향교를 찾아가기로 했다. 정주향교

오산학교 전경

는 토지와 재산이 많아 학교를 세울 만한 여력이 있다고 생각해서였다.

하지만 향교의 완고한 유림들은 남강의 부탁을 쉽게 들어주려 하지 않았다. 명색이 양반인 자기들이 상놈 출신인 남강의 의견을 선뜻 따라주기 어려웠고, 더욱이 향교의 재산을 그에게 맡겼다가는 자기들의 영향력이 줄어들 수도 있다고 생각한 것이다.

그런데 '지성이면 감천'이라던가, 뜻밖의 후원자가 나타났다. 당시 평안북도 관찰사였던 박승봉이 이 소식을 듣고 만나 협조를 약속한 것이다. 그는 평안북도에도 중학교가 필요한데 정주향교 유림들을 설득시킬 수 없다고 남강이 호소하자 자기가 직접 나서 유림들을 설득하기로 했다. 유림들은 현직 관찰사의 부탁을 거절할 수 없었고, 결국 그들은 향교 재산의 일부를 기부하기로 했다.

이에 따라 오산의 승천재陞薦齋 자리에 학교를 세우게 되었다. 승천재는 옛 서당인데, 고려 때 익주라는 읍치의 군청 자리에 세워졌었다. 그 뒤 불이 나 건물이 타서 빈 집으로 있다가 경의선 철도공사 때 현장사무소로 쓰였고 공사가 끝난 뒤 다시 비어 있는 상태였다. 남강은 유림의 후원을 받아 여기에 중학교 과정인 오산학교를 세웠다.

오산학교의 교장은 남강이 맡아야 마땅했지만 그는 대신 유림 대표인 백이행을 초대교장으로 모셨다. 남강은 백이행을 찾아가 이렇게 부탁했다.

내가 학교를 세웠지만 상놈인 이승훈이 학교를 한대서야 양반집 자제들이 오겠소? 돈은 내가 대고 심부름도 내가 하리니 부디 선생이 교장을 맡아주시오.

이렇게 해서 백이행이 교장을 맡기는 했으나, 그는 명목상의 교장일 뿐 실제로 학교에 나오지는 않았다. 대신 실제 운영은 교감인 남강의 몫이었다. 교사로는 서울에서 여준과 서진순, 박기선 등을 초빙했다. 이로써 개교를 위한 준비를 어느 정도 마친 셈이었다.

개교식

이 같은 준비를 거쳐 마침내 1907년 12월 24일 오전 10시, 성탄절을 하루 앞두고 역사적인 오산학교 개교식이 열렸다. 개교식은 남강의 개회사와 내빈 축사, 교사 소개, 대한제국 만세삼창 순으로 거행되었다.

제1회 입학생은 김도태·김자열·이업·이윤영·이인수·이중호·이찬제 등 7명이었다. 이 자리에서 남강은 다음과 같은 연설을 했다.

> 지금 나라가 날로 기울어져 가는데 우리가 그저 앉아 있을 수만은 없습니다. 이 아름다운 강산, 조상들이 지켜온 강토를 일본인들에게 내맡길 수는 없습니다. 이 나라를 살리기 위해서는 총을 드는 사람, 칼을 드는 사람도 있어야 할 것입니다. 하지만 그보다 더 중요한 일은 백성들이 깨어나는 일입니다. 세상이 어떻게 돌아가는지 모르고 있으니 그들을 깨우치는 것이 제일 급선무입니다.
>
> 우리는 우리를 억누르는 자를 나무라기만 해서는 안 됩니다. 내가 못났으니 남의 업신여김을 받는 것이 아닙니까. …… 내가 오늘 이 학교를 세우는 것은 후진을 가르쳐 만분의 일이라도 나라에 도움이 되기를 원하기 때문입니다. 오늘 이 자리에는 7명의 학생밖에 없지만 머지않아 70명, 700명에 이를 날이 올 것입니다. 일심협력하여 나라를 남에게 빼앗기지 않는 백성이 되기를 부탁합니다.

남강의 기대대로 이듬해 봄에는 사방에서 지원자가 몰려왔다. 대개

오산학교의 한식 교사인 경의재(위), 오산학교 교사 시절 이광수(오른쪽에서 두번째)

20~35세의 청년들이었으며, 시험을 치러 갑·을·병 반으로 나누어 수업했다. 그리고 학교의 소문이 전국으로 퍼져 강원도·경상도·함경도에서도 지원자들이 찾아왔다.

이제 오산은 서북지역 민족교육운동의 발원지로 거듭나게 되었고, 오산학교는 민족지도자를 배출하는 산실로 점차 자리 잡아 나갔다. 뒷날 오산학교 교사를 지낸 춘원 이광수는 오산의 경관을 이렇게 노래했다.

> 사인산에 놀려 솟은 아침 햇빛을
> 담뿍 받아 반공중에 솟아 오른 듯
> 팔짝 풀어 고이 지은 크나큰 저 집
> 젊은 우리 자라나는 어미 학교라
> 백두산서 자란 범은 백두호白頭虎라고
> 범 중의 범으로 불리느니라
> 우리들은 오산에서 자랐으니
> 어디를 가든지 오산이어라
> 아아 우리 오산은 어미 학교
> 어미 학교 오산은 이런 곳이라
> 홍안의 기력 정한 이백 건아야
> 영원히 이 경개를 노래하여라

동고동락, 솔선수범

오산학교에서는 교사와 학생의 구별 없이 서로가 동고동락했다. 모두 함께 무명옷을 입고, 조밥에 된장을 먹으면서 함께 지냈다. 그래도 모두들 활기가 넘쳤다. 새벽에 종을 치면 냇가에 나가 씻고 뜰을 쓸고 수업을 한 뒤 종소리와 함께 잠자리에 들고, 때로는 비상소집을 하여 달리기도 했다.

남강은 매사에 솔선하여 학생들에게 모범을 보였다. 운동장을 닦고 고를 때도 학생들과 함께 삽과 곡괭이를 들고 일했다. 이러니 학생들도 요령을 피우지 못했다.

하루는 저녁 때 기숙사로 찾아와 학생 6~7명을 불러내 화장실로 데리고 갔다. 화장실이 불결하니 청소하자고 하면서 자신도 학생들과 함께 도구를 들고 대소변을 치우기 시작했다. 시간이 지나면서 학생들이 두 명만 빼고 슬금슬금 도망가 버렸다. 남은 학생들이 남강에게, 저희들이 치울 테니 돌아가시라 하자, "그게 무슨 소리냐, 우리 세 사람이 끝을 내자"며 윗옷을 벗고 잠방이 차림으로 다 치워냈다.

남강은 항상 학생들에게 아침에 일찍 일어나는 것, 뜰을 쓰는 것, 각각 자기 방을 치우는 것, 교실을 깨끗이 쓸고 정돈하는 것, 화장실을 깨끗이 사용하는 것, 이 모든 일이 곧 사람이 되고 나라를 사랑하는 데 통하는 길이라고 지도했다.

또한 입버릇처럼 "부지런하라. 나라와 겨레를 사랑하라"고 깨우쳤는데, 이는 주변의 작은 일에서부터 자기 본분과 최선을 다해야 한다는 '무

1915년 무렵 오산학교 운동회

실역행務實力行'의 실천이었다. 그리고 학생들에게 길을 걸을 때도 올바른 자세를 가져야 한다고 가르쳤다.

즉, 바른 자세로 걸어야 하며, 땅을 내려보거나 딴 생각을 하면 안 되고, 양반처럼 느릿느릿 걸어서는 안 되며, 한 걸음 한 걸음 일정한 속도로 걸어야 하고, 도중에 쓸데없이 지체하지 말며, 먼 산을 쳐다보거나 손을 내두르거나 콧노래를 해서는 안 된다는 것이었다.

이 같은 가르침은 곧 자신의 민족운동 자세를 보여주는 것이기도 했다. 도중에 좌절하거나 지체하지 말고 꾸준히 정진하자는 스스로의 다짐이기도 했다. 오산학교 출신 중 평생을 올곧게 살아간 사람들이 많은 것도 이 같은 남강의 가르침 덕분이었을 것이다.

사실 남강은 학생들에게는 잔소리꾼이었다. 오산학교에는 여준 선생이 흙을 쌓아 만든 '단심강丹心岡'이라는 연단演壇이 있었다. 매일 아침 교정에서 조회가 열리면 남강은 학생들과 함께 애국가를 부른 뒤 훈화를 했다. 이때 남강은 학생들의 학업뿐 아니라 태도 하나하나를 꼬집으며 잔소리를 했다. 예컨대 걸음걸이가 힘이 없어서 어떻게 독립을 쟁취하겠느냐, 청소할 때 왜 눈에 잘 안 보이는 구석은 깨끗이 치우지 않았느냐, 왜 옷고름을 제대로 매지 않았느냐, 왜 신발을 구겨 신느냐, 말소리가 분명치 않으면 부정을 저질렀거나 자신이 없는 것이다 등등 헤아릴 수 없었다.

하지만 학생들은 할 말이 없었다. 남강의 지적이 맞을뿐더러, 늘 솔선수범하며 자기들과 동고동락하는 남강의 간절한 뜻을 너무도 잘 알고 있기 때문이었다.

오산학교의 설립은 인근 지역에도 영향을 끼쳐, 이후 정주는 물론 평안북도 각지에 신식교육기관이 속속 세워졌다. 이에 대하여 뒷날 《중외일보》 1930년 5월 11~16일자는 이렇게 쓰고 있다.

(남강은) 선각자로 선도자로 동지 간에 두각이 뚜렷했고 관서 일대에 명성이 높게 되었다. 안창호씨 등과 신문화운동에 나선 일보一步로 오산학교를 설립했음은 그 포부의 한 끝에 불과했다. 또한 비단 오산학교뿐 아니라 당시 정주를 중심으로 박천·태천·가산·선천·곽산 등지에 우후죽순같이 창설되었던 수십 수백 학교가 어느 것이라도 선생의 손발이 안 간

곳이 없었다.

이처럼 남강과 오산학교는 일심동체였다. 교사들은 그의 형제요, 학생들은 그의 자식과 같았다. 그리고 모든 교육의 초점은 바로 '민족 본위'에 맞추어져 있었다.

시련과 극복

그런데 이듬해인 1908년 난데없는 시련이 닥쳐왔다. 박승봉이 평안북도 관찰사에서 물러나자 유림들이 태도를 갑자기 바꿔 향교 재산을 돌려달라고 요구한 것이다. 그들은 경비가 많이 든다느니 학교가 너무 크다느니 트집을 잡기 시작했다. 그리고 교사도 한 명만 두고 모두 내보내라는 것이었다.

이 터무니없는 요구에 남강은 목을 놓아 울었다. 자신의 뜻을 몰라주는 유림들이 야속하기 이를 데 없었다. 하지만 어쩔 도리가 없었다. 결국 당시 6만 원 정도의 향교 재산을 반납하고 처음부터 다시 출발하기로 결심했다.

먼저 남강은 자신의 재산을 모두 팔아 학교에 바쳤다. 이 때 남강은, "선생들을 굶기면서 나 혼자만 밥을 먹을 수는 없다. 남은 세간을 팔아 학교에 보태고 우리는 학교 옆에서 학생들 밥이나 해 주면 되지 않느냐"라면서 가족들을 설득했다.

하지만 남강의 힘만으로 1년에 6,000원이나 되는 운영비를 충당하기는 벅찼다. 그래서 남강은 사방으로 뛰어다니며 자금을 모았다. 평양의 윤성운, 진남포의 김정민, 청정의 이용화, 오산의 백양여 등 동지를 모아 후원회인 찬무회贊務會를 만들고 성금을 거둬 매달 약 40원의 경비를 마련했다. 자기 집 쌀독에서 쌀을 퍼가고 집의 기와를 떼어 학교 지붕에 얹었다.

한 번은 곽산에 가서 유지들을 만나 도와달라고 했으나 뜻을 이루지 못하고 오다가 서쪽 하늘을 바라보니 해가 서산으로 넘어가며 노을이 아름다웠다. 이 때 남강은 새로운 기운이 솟구쳐 하나님께 기도를 드렸다. 그러면서 다른 기도는 몰라도 이 기도만은 꼭 들어주시리라고 믿었다.

이런 우여곡절 끝에 마침내 1910년 7월 12일, 오산학교의 제1회 졸업식이 열렸다. 제2대 교장인 이종성이 졸업생 한 사람 한 사람에게 졸업증서를 수여했고, 전 평북관찰사로 오산학교 설립을 후원한 박승봉과 정주군수 김상범을 비롯한 많은 내빈들이 참석했다. 제1회 졸업생은 11명이었다. 그자리에서 남강은 다음과 같이 당부했다.

여러분이 학교에 들어온 지 4년이 되었다 할지라도 학교가 초창기가 되어 여러 가지 설비가 부족하여 공부도 변변히 하지 못하고 교문을 떠나게 된 것은 매우 유감스러운 일입니다. 하지만 지금 우리의 형편은 편히 앉아 공부만 하고 있을 때가 아닙니다. 하루라도 빨리 나아가 여러분들이 배운 만큼이라도 우리 동포들을 깨워줘야 합니다. 여러분을 거칠고 험악한 이 세상에 보내는 것이 마치 사자들 틈바구니에 보내는 것 같습니다. 그러나 이 거칠고 험악한 것을 정복하고 새 길을 여는 것이 바로 여러분

1910년 7월 오산학교 1회 졸업식

1912년 오산학교 2회 졸업식
강제병합 후에도 학생들은 태극기를 들고 있다.

의 임무입니다. 여기에 한 가지 부탁할 것은, 오산의 졸업생들은 어디를 가든지 거짓말로 남을 속이지 말고 자기가 맡은 일을 게을리하지 말고 몸소 실행하며 민족의 영광을 높이는 훌륭한 인물이 되어달라는 것입니다.

교사 대표 여준도 다음과 같은 축사로 졸업생들을 격려했다.

나는 내가 생각한 바를 여러분에게 다 가르쳐서 보내지 못하는 것이 큰 한입니다. 그러나 배운 것만이라도 그대로 실행하십시오. 천만 가지 재주를 배웠더라도 실행이 없으면 아무 소용이 없습니다. 4년 동안 "나라를 사랑하라, 민족을 구하라" 하는 말은 남강 선생 이하 여러 사람이 귀가 아프도록 말한 것이니 그것만 실행하여준다면 아무 근심이 없겠습니다.

이 졸업식에는 안창호도 참석할 예정이었으나 대성학교의 부득이한 사정으로 함께하지 못했다. 이제 오산학교는 평양의 대성학교와 더불어 평안도의 대표적인 신교육기관으로 자리를 잡아나갔다. 개교 7개월 만인 1908년 7월 22일자 《황성신문》에 실린 다음과 같은 기사만 보아도 그것을 짐작할 수 있다.

평안북도 정주군은 예부터 관리들과 유림들이 매우 성하여 그 도에서 홀로 완고하고 미개한 태도가 있더니 작년에 오산학교가 설립된 후로 교육 정도가 비상히 진취하는지라, 이에 정주군의 인사가 흥기하여 학교 설립이 48개소에 이르러 크게 진흥할 전망이 있다더라.

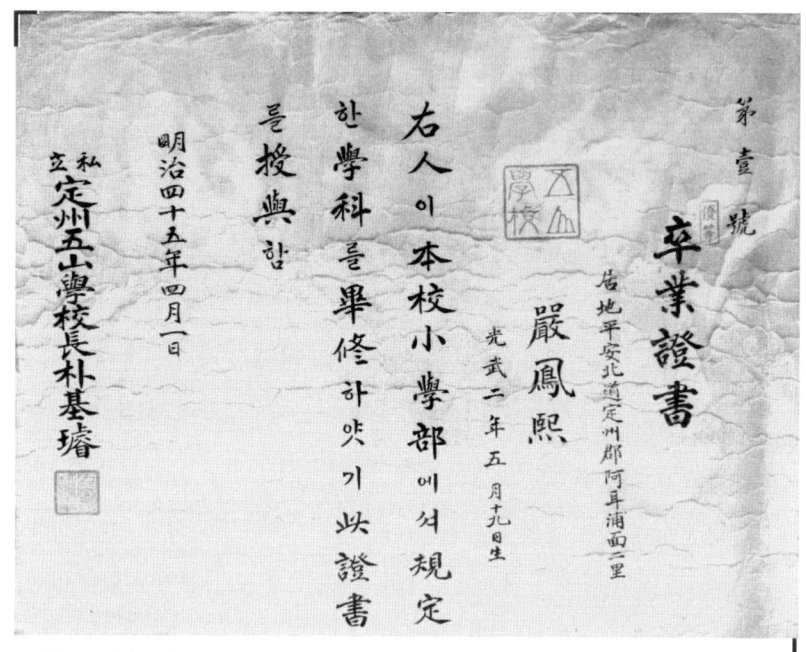

오산학교 졸업장(1912)

학부모들의 성원도 뜨거웠다. 그들은 어려운 형편에서도 모금을 해서 실험도구를 마련해 자녀들의 학업을 돕는 정성을 보였다. 즉 1909년 12월 24일 개교기념일을 맞아 100여 명의 학부모들이 모금하여 화학기계를 구입·설치했으며, 이 내용이 신문에 실렸다.

초기 오산의 교사들

개교 당시 오산학교의 교사는 여준·서진순·박기선 등이었다. 여준은 오산학교에 오기 전에 이상설·이동령 등 애국지사들과 함께 북간도 용정에 서전서숙瑞甸書塾이란 학교를 세우고 민족교육에 힘쓴 바 있었다.

독립운동가 양성소라 불렸던 서전서숙의 교사 여준이 오산학교로 왔다는 것은 이 학교 역시 민족을 위한 인재양성을 목표로 하고 있음을 보여준다. 수신修身·역사·지리·산수·법제·경제 등의 과목은 여준이 도맡다시피 했다.

그는 백발이 성성한 노학자로서 키는 작고 목소리는 크고 야무졌으며, 높은 인격과 식견을 가진 애국지사로서 박학다식할 뿐 아니라 다정다감하여 학생들의 존경을 한 몸에 받았고 학생들과 대화하기를 즐겼다.

뒷날 해외로 망명하여 독립운동계의 거목이 된 여준은, 오산 시절 다음과 같은 교가를 지어 찬송가 '내 주를 가까이' 곡조에 맞춰 불렀다.

뒷 뫼의 솔빛은 항상 푸르러
비에나 눈에나 변함없이
이는 우리 정신 우리 학교로다
사랑하는 학교 오산학교

서진순은 여준이 추천하여 오산학교에 오게 되었다. 그는 육군연성학교를 졸업한 청년으로, 학생들에게 백절불굴의 기상을 일깨워주었다.

북간도 용정의 서전서숙

박기선은 승천재에서 글을 읽던 선비로서 남강의 가장 가까운 동지였다. 그는 학생들에게 한문을 가르쳤고 교장대리 겸 서무, 사감 등의 역할을 맡았다.

서진순에 이어 부임한 박우병도 군인 출신으로, 겨울에 눈이 오면 학생들과 함께 맨발로 산과 들을 달리며 체력과 정신을 담금질시켰다. 그 뒤를 이은 조철호도 한국과 일본에서 각각 무관학교와 사관학교를 나온 군인 출신으로 뒤에 독립운동에 투신했다. 민족주의 사학자로 널리 알려진 신채호와 장도빈도 잠시 오산학교에서 교편을 잡았다. 독립운동가 윤기섭도 만주로 망명하던 중 오산을 지나다 눌러앉아 1년 동안 교사생활을 했다.

이처럼 오산학교의 교사들은 한결같이 애국심으로 가득 찼으며 뒷날 독립운동가로 명성을 떨친 인물들이 많았다. 이러한 교사들에게서 배운

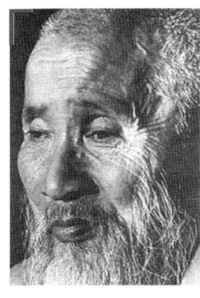   

오산학교에서 교편을 잡았던 인물들
유영모, 함석헌, 조철호, 윤기섭

학생들 중에서 애국지사들이 많이 배출된 것은 결코 우연이 아니었다. 오산학교는 실로 이 땅의 많은 애국지사들을 배출한 요람이었다.

1910년에 부임한 유영모도 오산학교의 기초를 다진 인물이다. 앞에 다룬 교사들이 오산에 민족정신을 일깨워주었다면, 유명모는 기독교 신앙을 심어주었다고 할 것이다. 그의 부친은 남강과 무역을 하면서 알게 된 사이였다. 유영모는 남강의 요청을 받고 교사가 되어 물리와 천문 등 과학과목과 성경을 가르쳤다. 이미 남강이 예수를 믿었고, 라부열羅富悅, S. L. Robert 선교사가 교장이 되었으며, 신앙심이 깊은 유영모까지 교사로 오면서 오산학교는 명실상부한 '기독교 학교'가 되었다.

잠시 오산학교를 떠났던 유영모는 1921년 다시 돌아와 교장이 되었는데, 그 때 수업을 들은 함석헌은 이렇게 회고했다.

첫 시간부터 모두 혀를 뽑았습니다. 새 교장 선생이 들어오시는데, 키는 작고 등이 조금 굽어 뒷골이 이상하게 툭 튀어 나오신 분인데 하얀 한복

3대 교장 라부열 선교사

차림이었습니다. 말씀은 웅변조는 아니고 크게 울리는 음성도 아니며 조용히 하시는 말씀인데 '배울 학學'자를 풀어 말씀하시는데 무려 두 시간 동안을 이야기했습니다. 학생들은 "과연 소문대로 보통 분이 아니다"라며 놀라움을 금치 못했습니다.

춘원 이광수

한편 1910년에는 동경 유학에서 돌아온 춘원 이광수도 오산학교의 교사가 되었다. 당시 그의 나이 19세. 천재라고 자부하며 세상에 무서울 것이 없던 패기만만한 청년이었다. 그가 용동에 오자 남강과 지역의 어른, 학생과 학부모들이 따뜻이 맞아주었다.

하지만 이광수는 그것을 당연한 것으로 받아들였다. 그는 자신이 그럴 만한 대접을 받을 자격이 있을 뿐 아니라, 오히려 자신과 같은 인재가 여기에 온 것을 영광으로 여겨야 한다고 생각했다. 자만심이 가득 찬 이광수는 학생들을 성실히 가르치지 않고 매일 친구를 만나 술을 마셨다. 크게 실망한 남강은 1학기가 끝나고 여름방학 때 이광수를 내보내리라 생각했다.

그런데 그 뒤 어떤 이유에서인지 이광수는 술을 끊고 정성을 다해 수업을 준비하고 학생들을 가르쳤다. 등사를 해서 교재를 만들고 자신이 앞장서 학교를 청소했다. 그는 이것이 조국에 대한 의무라고 생각했고,

학생을 가르치는 데 생명을 바치겠다고 다짐했다.

한편 남강은 마을 주민들과 동회洞會를 만들었다. 이광수는 동회의 회장이 되어 마을과 학교를 청소하고 부엌과 뒷간을 깨끗이 했으며 이불과 베개도 깨끗이 빨았다. 그리고 회원들의 만장일치 추대로 청결검사원이 되어 토요일마다 집집을 돌아다니며 청결상태를 검사했다. 남자는 매일

춘원 이광수

짚신 한 켤레, 여자는 식사 때마다 쌀 한 숟가락씩을 모아 한 달에 한 번 열리는 동회 때 자기 계좌로 저축하여, 100원이 되면 찾아가게 하고 대출도 해주었다. 반년 만에 500여 원의 자금이 모였다. 이렇게 해서 용동에는 술과 노름과 싸움이 없어졌고 청결검사를 구실로 들어오던 경찰들의 발길도 끊어졌다. 이처럼 달라진 마을의 모습을 이광수는 이렇게 적었다.

> 동네 전체가 예수교인인 것과 또 이 동회로 하여 이 동네는 이웃 다른 동네와는 딴판인 동네가 되었다. 술과 노름이 없는 것은 물론이려니와, 어느 동네에서나 흔히 보는 이웃끼리의 싸움도 없었고, 집들과 옷들도 다 깨끗하게 되어서 헌병들이 청결검사도 아니 들어오게 되었다. 이 동네에는 실로 경찰이 올 필요가 없었던 것이다.

춘원은 "내가 민족운동의 첫 실천으로 나선 것이 교사생활이었다. 나는 오산학교에 와서 사람 노릇하기를 조금 배웠노라"고 할 정도로 남강에게서 감화를 많이 받았다. 그는 10원의 월급만을 받으며 4년 동안 오산학교에서 학생들을 가르쳤고, 교가·창립기념가·졸업식가·동문회가 등의 노래도 지었다.

다음은 춘원이 지은 교가의 일부이다.

네 눈이 밝구나 엑스 빛 같다.
하늘을 꿰뚫고 땅을 들추어
온가지 진리를 캐고 말련다
네가 참 다섯 뫼의 아이로구나

1913년 그가 학교를 떠날 때는 "가려면 학교의 기둥뿌리를 찍어버리고 가든지 맘대로 하시오"라고 학생들이 붙잡을 정도였다.

이처럼 오산학교는 훌륭한 교사와 학생들이 모여든 민족교육의 요람으로 발전해갔다. 많은 애국지사들이 이 학교에서 배출된 것은 당연했다.

관서자문론을 외치며
민족 자본을 키우다

관서문자론

남강에게 1907년은 그의 삶을 바꾼 뜻 깊은 해였다. 그는 민족의 현실에 눈을 떠 신민회에 가입하고 오산학교를 설립했다. 하지만 이 해는 우리 민족에게 크나큰 격변기였다. 이른바 '정미조약'이 맺어지고 군대가 해산되었으며, 이로 말미암아 각지에서 의병항쟁이 격렬하게 일어났다. 또 고종이 네덜란드 헤이그에서 열린 만국평화회의에 이준·이상설·이위종 등 특사를 파견했고, 이 때문에 고종은 일제의 강요로 퇴위하고 순종이 즉위했다.

이 같은 민족의 격변기에 남강은 '관서자문론關西資門論'을 주창했다. 관서지방, 즉 평안도와 황해도의 자본가들이 합력해서 민족자본을 키워 장차 들어올 외국자본을 막아야 한다는 것이었다. 이것은 외국자본 침투에 맞서 민족자본을 키우기 위한 방법이었다. 러일전쟁 이후 한반도는 일본에서 대규모의 자본이 들어오면서 점차 식민지 경제체제로 빠져들고 있었다.

이를 막기 위해 남강은 우선 서북지역 상공업자들만이라도 규모에 관계 없이 토착자본을 하나로 모으고, 나아가 호남 및 영남의 토착자본과도 연대하여 민족자본을 키우는 일에 적극 나섰다. 과거 일신의 영달을 위해 공장을 세우고 상점을 열었던 그가 이제는 민족을 위한 경제활동에 발 벗고 나선 것이다. 그리고 이것은 신민회의 민족산업 육성방침과도 맥락을 같이하는 것이었다.

당시 서북지역 사람들의 경제적 항일의식에는 남다른 데가 있었다. 1900년 무렵 황해도 해주에서는 일본인 미곡상인들이 한국 상인들에게 빌려 거의 수출을 하시 못할 정도였다. 일종의 '딧세'인 셈인데, 다른 지역보다 서북지방 한국 상인들의 저항이 거셌다.

또 일제가 시장세를 만들자, 1909년 평북 용천에서는 납세 거부운동을 일어났고, 평남 순천에서는 납세 거부는 물론 일본인 상점을 부수는 일까지 있었다. 이 같은 경제적 저항에 대해 일제는, 기독교인이 많은 서북지역 사람들이 교회에 헌금은 기쁜 마음으로 내면서 1~2전 하는 시장세는 내지 않고 폭동을 일으키며, 목욕탕에 갈 때도 4전 하는 일탕日湯보다 5전이나 비싼 한탕韓湯을 간다고 못마땅해 했다.

평양자기회사

관서자문론의 실천을 위해 먼저 남강은 1908년 2월, 윤성운·윤재명·이덕환·전재풍·정인숙·최유문·한삼순 등 평양의 유지들과 함께 평양 마산동에 자기회사를 세웠다. 이는 우리나라 최초의 근대적인 도자기 회사였다.

당시에는 일제 도자기들이 많이 들어와 남강의 유기점은 물론 경기도 안성을 비롯한 전국의 유기점들이 피해를 보았다. 이 같은 일본 도자기의 침투에 맞서기 위해 고려청자·조선백자 등 우리 도자기의 전통을 살려 자기회사를 세우기에 이른 것이다.

이 회사는 자본금 6만 원의 주식회사였으며, 주식은 1주당 50원씩 총 1200주를 발행했다. 주식모금운동은 각지에서 호응을 얻었으며, 평안도 관찰사 이진호는 1,000원을 내놓았다. 마산동 자기회사 창립식에서 안창호는 다음과 같은 축사를 했다.

우리나라의 세계적 자랑인 고려자기는 그 발상지가 평양 부근입니다. … 한국의 경제가 살아나려면 우리가 만든 것을 우리가 써야 합니다. 공업의 진흥이야말로 한국의 생명선입니다. 이제 현해탄 건너 일본 상품이 홍수처럼 밀려들어와 시장을 독점하고 있습니다. 애국동포 여러분, 조국을 살리는 것은 정치력만이 아니라 경제력이기도 합니다. 산업을 진흥시키는 것이 곧 애국이고 구국이라는 것을 잊지 말아야 합니다. 경제적 침략이 군사적 침략 못지않게 위험하다는 것을 깨달아야 합니다. 조상들이 만

평양자기회사 광고

들었던 고려자기를 왜 우리가 못 만듭니까. 이제 마산동 자기회사가 좋은 물건을 만들고 좋은 평판을 얻어 세계로 수출하여 이익을 많이 내면 전국에 이런 회사들이 생기리라 믿습니다. 평양을 상공업이 발달한 대도시로 만드는 데 이 자기회사가 모범이 되어야 합니다.

평양자기회사는 오산학교와 대성학교의 학생들 중에서 직원을 뽑았고, 뜻있는 청년들도 훈련생으로 받아들였다. 평양자기회사는 이들을 다시 신민회 회원으로 받아들여 국권 회복을 위한 역군으로 길렀다. 그래서 뒤에 일제는 이 회사를 "음모의 소굴"이라 부르며 감시의 눈초리를 한시도 떼지 않았다. 남강은 사장으로 일하면서 받은 월급을 모두 오산학교에 기부했다.

평양자기회사는 《대한매일신보》가 1908년 10월 18일자 사설에서

"자기 제조가 실업계에 먼저 착수가 되어 물품의 아름다운 실효가 나타났으니 이후로부터는 제반 실업이 연속하여 일어날 줄을 가히 믿으리로다"라고 높이 평가하는 등 사회적으로도 큰 관심을 끌었다. 하지만 자금난을 겪은 데다 얼마 뒤 일어난 '안명근사건'과 '105인사건' 때문에 소기의 목적을 이루지는 못했다.

평양자기회사가 남강의 유기업의 뒤를 이은 것이라면, 평북 용천과 선천에 세운 상무동사商務同事, 정주 청정에 세운 협성동사協成同事는 무역업의 경험을 살린 것이었다. 남강은 이들 무역회사를 매개로 이탈리아의 파마양행巴馬洋行과 무역을 하려 했다.

파마양행은 이탈리아의 무역상사로 서울과 인천에 지점을 두고 서양의 생활용품을 수입하는 회사였다. 1908년 말~1909년 초 남강은 파마양행과 무역상담을 벌였다. 그 취지는 제3국을 거치지 않고 서양 상품을 직접 수입하여 더 싼 값에 팔려는 것이었다. 실제로는 일본 상품의 수입과 판매를 줄이려는 의도가 더 컸다.

당초 파마양행의 지배인이 찾아와 거래하자고 제안해 남강은 서울에 대리점을 열기로 했다. 처음에 수입하기로 한 상품 금액은 1만 5,000원이었고, 남강은 계약금으로 4,500원을 지불했다. 그러나 일본이 자기 나라 상품을 배척하고, 이러한 영업에서 나오는 이익을 신민회의 자본에 충당할 목적이라 짐작하고 중간에 훼방을 놓아 이 계약은 성사되지 못했다.

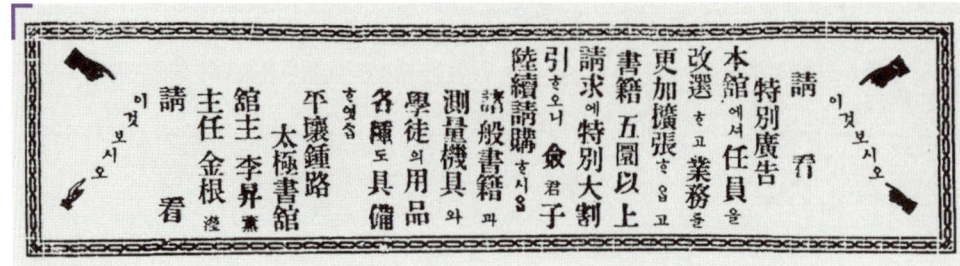

태극서관 광고

태극서관

한편 남강은 1908년 5월 평양에 태극서관을 세웠다. 그 취지는, 우리 민족에게 건전하고 필요한 서적을 공급하는 모범기관이 되는 동시에 인쇄시설을 갖추고 저술·편집 등 각 부를 두어서 각종 정기간행물과 도서를 출판하기 위한 것이었다. 또 학생들이 쓸 각종 교재와 측량기구, 학용품을 팔기도 했다. 남강이 사장을, 안태국과 이덕환이 각각 주임과 사무를 맡았다.

태극서관은 신민회 회원들의 연락이나 집회 장소 역할도 했으며,《대한매일신보》와 《소년少年》의 평양 판매지사도 태극서관 안에 있었다. 또 대성학교와 같은 신민회 관련 교육기관에 교재와 교구를 납품하기도 했으며, 1910년에는 서울에도 지사를 세웠다.

태극서관은 영리를 추구하기보다는 신지식을 보급하기 위해 세워진 기관이었다. 이는 민족의 계몽과 교육이 시급하다는 남강과 신민회의 판단에 따른 것이었다. 《대한매일신보》나 《황성신문》 같은 당시 신문에는 태극서관 광고가 자주 실렸는데, 태극서관이 서점으로서 전국에서 독보적인 위치를 차지하고 있었음을 짐작케 하는 사례다.

기독교 신앙을
민족운동의 정신으로 삼다

이 무렵 남강은 예수를 믿기 시작했다. 그가 기독교 신자가 된 것은 1908년 무렵으로 짐작된다. 오산에서는 김정진·이중호 등이 처음 예수를 믿었고 이중호의 집에서 예배를 드렸다. 그러다 신자가 점점 늘어나자 남강이 땅을 기부하고 교인들이 모금해서 예배당을 짓고 1909년 정식으로 교회를 세웠다.

남강은 자기 땅을 내놓아 예배당을 지을 정도로 열심히 예수를 믿었다. 그가 기독교인이 된 정확한 이유는 잘 알려져 있지 않다. 흔히 그가 1910년 9월 평양 산정현교회에 갔다가 '십자가의 고난'이라는 한석진 목사의 설교를 듣고 크게 감명 받아 교회에 나가기 시작했다고 알려져 있으나, 그는 1909년 1월 일제의 보고서에 '예수 신도'로 나온다. 여러 가지 정황으로 미루어 그가 예수를 믿게 된 때는 1908년으로 보인다.

개항 이래 서북지역 사람들은 새로운 사상을 받아들이는 데 열심이었다. 특히 기독교가 들어와 크게 세력을 떨친 지역이 바로 여기였다. 기독교를 받아들인 사람들은 '자립적 중산층'이라 불렸다. 조선시대에 정치적으로 소외되어 상대적으로 양반의식이 작았던 이 지방에서는 '사·농·공·상'이라는 전통적 직업의식에 구애받지 않는 상공업자들이 나왔고, 자연스레 이 지방은 상공업의 중심지가 되었다. 남강의 관서자문론도 이 같은 배경에서 나왔다.

남강이 기독교의 영향을 받은 것은 자연스러운 일이었다. 또 그가 1907년에 들어간 신민회의 회원 대부분도 기독교인이었다. 이제 민족정신과 기독교 신앙은 그의 삶을 떠받쳐주는 사상적 배경이 되었다.

오산교회와 예수촌

남강이 기독교인이 되었다고 하나 당시 오산에는 교회가 없었다. 그래서 처음에 오산학교 교사와 학생들은 목사가 없는 가운데 예배를 드렸다.

신앙심이 깊어진 남강은 이를 안타까이 여겨 자기의 땅을 내놓아 예배당을 세웠으며, 오산학교도 미션스쿨, 즉 선교학교로 만들었다. 그리고 정주읍교회를 담임하고 있던 장로교 선교사 라부열을 오산학교의 교장으로 모셔왔다. 이로써 오산학교는 높은 민족의식에 기독교 정신을 더한 기독교 민족운동의 요람이 되었다. 그리고 오산은 주민들 대부분이 교회에 다니는 '예수촌村'이 되었다.

주일主日이면 인근 각처에서 교인들이 나와 예배당을 가득 채웠다. 이 예배당은 경의재 뒤에 세워졌다. 큰일은 목수의 힘을 빌렸지만 나머지

오산교회와 학생들(1920년대)

는 모두 교사와 학생, 교인들이 힘을 합해 지었다. 당시 대부분 예배당이 그랬듯이 남녀 좌석을 따로 배치한 'ㄱ자형'이었다. 이 예배당은 때로는 학생들의 강당 역할도 했다.

남강과 학생, 교인들은 예배시간에 찬송가 '이 몸의 소망 무엔가'를 즐겨 불렀는데, 기독교 신앙에서 희망을 찾으려는 그들의 염원을 가사에서 엿볼 수 있다.

이 몸의 소망 무엔가 우리 주 예수뿐일세
우리 주 예수밖에는 믿을 이 아주 없도다

저 심한 바람 부는 밤 큰 물결 높이 설렐 때
주 예수 크신 은혜에 희망을 닻을 주리라

땅위에 믿던 모든 것 끊어질 그날 되어도
구주의 언약 믿사와 내 희망 더욱 크리라

저 하늘 나라 올라가 주 하나님을 뵈올 때
구주의 의를 힘입어 어엿이 앞에 서리라

〈후렴〉 주 나의 반석 되시니 그 위에 내가 서리라 그 위에 내가 서리라

    남강은 주일 오후에 교회에서 설교를 하기도 했다. 한 번은 맨 앞줄에 새 옷으로 곱게 단장한 젊은 부인들이 앉아 있었다. 남강은 대뜸 이들을 향해 "옷 갈아입고 예배당에 왔다고 천당 갈 줄 알아? 송철네 애나 좀 봐줘라"라고 쏘아붙였다. 송철이라는 사람은 마을에서 가장 가난한 데다 눈까지 멀어, 그 집 아이들은 모두 더러운 차림에 배고픈 형편이었다. 어렵고 헐벗은 이웃이 있는데 자기들 모양만 챙기는 모습이 남강의 눈에 몹시도 거슬렸던 것이다. 그에게 기독교는 단지 천당에 가기 위한 종교가 아니라 민족을 살리기 위한 종교였다.
    예수를 믿은 뒤 남강은 죽을 때까지 기독교 신앙을 간직했다. 기독교 신앙은 그의 민족정신과 항일활동을 받쳐준 버팀목이기도 했다. 뒷날 남강은 다음과 같이 고백했다.

    내가 오늘까지 온 것은, 내가 한 것은 조금도 없습니다. 모두 하나님이 나를 그렇게 만들었습니다. 나는 본래 배우지 못하고 무식한 사람입니다.

나는 아무것도 아는 것이 없지만 하나님이 이끄셔서 오늘까지 왔습니다.

그가 이런저런 사건에 얽혀 유배되거나 투옥되었을 때 기독교는 그에게 위안과 희망을 주었다. 그는 '기독교 민족운동가'라는 호칭을 얻게 되었다. 그리고 이후 오산학교도 기독교 민족운동가를 키우는 요람이 되었다.

마지막 황제 순종을 만나다

1909년 1월 31일 정오, 평안북도 정주역에는 이 지역의 관리와 유지들이 모여 누군가를 기다리고 있었다. 이 날은 바로 조선의 마지막 황제 순종이 정수를 순시하는 날이었다. 이 무렵 순종은 이른바 '서순西巡'이라 하여 평안도 지방을 돌아다니며 시찰하고 있었으며, 이 날 신의주를 거쳐 정주를 방문할 예정이었다.

황제가 '차별의 땅' 평안도를 순시한다는 자체가 예사로운 일이 아니었기에, 역에 모인 관리와 유지들의 얼굴에는 긴장감이 가득했으나, 환영을 위해 나온 군중들은 설레는 마음에 들떠 있었다.

이윽고 낮 12시 30분, 순종을 태운 열차가 정주역에 도착했다. 관리와 유지, 군중들의 뜨거운 환영을 받은 순종은 그들의 복장을 보고 못마땅해 하며 '짐이 단발한 지 이미 오래되었는 데도 그대들은 아직 옛 풍습을 그대로 지키고 있으니 몹시 개탄스럽도다. 지금부터 그대들은 새로운 사상을 퍼뜨리도록 하라'는 칙어를 내렸다.

이 같은 황제의 질책을 들은 관리와 유지들은 어쩔 줄 모르며 안절부절못했고, 어떤 사람은 그 자리에서 단발하기도 했다.

이들과 대조적으로 남강은 순종의 칭찬을 받았다. 당시의 상황에 대해《황성신문》은 1909년 2월 3일자에 "황제께서는 정주 정거장에서 이 군郡에 사는 저명한 교육자 이승훈씨를 특별히 불러 만나셨다더라"라고 적고 있다. 남강과 대화를 나눈 순종은 그에게 격려금을 내렸다.

마지막 황제 순종

이 일은 언론에 크게 실려 정주와 평북은 물론 전국적으로 화제가 되었다. 또《황성신문》은 1909년 2월 9일자에 '이승훈씨의 역사를 우리 전국의 인사들에게 알리노라[擧李昇薰氏歷史ᄒ야 告我全國人士]'라는 제목의 논설을 실었다. 이 논설은 남강을 교육자와 실업가의 모범으로 내세우며 이 같은 인물이 전국에서 계속 나오기를 희망했다. 논설의 요지는 다음과 같았다.

이승훈씨는 가난한 집안에서 태어나 물려받은 재산이 없었지만 어려서부터 상업에 힘써 자본을 모았는데, 의지가 굳고 품행이 맑아 도내道內실업가의 신용을 얻었으며 의협심이 뛰어나 어려운 일을 마다하지 않았다. 시국을 관찰하면서 교육이 제일 시급함을 깨닫고 재산을 털어 오산학교를

순종의 개성 만월대 시찰

설립하고 학생을 모집하고 교사를 초빙했다.

완고한 군수와 사족의 방해와 냉소를 받으면서도 온갖 정성을 기울여 난관을 물리치고 학교를 발전시키니 입학한 청년들이 감동하여 학업에 매진해 발전을 이루면서 교육계의 모범이 되었다. 또 그의 눈물 섞인 연설을 듣고 감격한 각지의 신사와 청년들이 다투어 학교를 설립하니 이승훈씨는 관서지방의 저명한 교육가가 되었다.

이 소식을 들은 황제께서 직접 그를 만나는 은혜를 베푸시니 이승훈씨의 교육사업도 날로 발전하려니와, 우리 전국의 인사로서 이를 듣고도 분발하려는 마음이 없다면 인심이 있는 자라고 결코 말하지 못 할지로다.

비록 망국을 눈앞에 둔 나라의 힘없는 군주였지만, 순종을 알현하여 따뜻한 격려를 받은 남강은 감격스럽지 않을 수 없었다. 차별의 땅 평안도를 직접 찾아주었고, 교육의 중요성을 새삼 일깨워주었기 때문이다.

이렇게 남강의 명망이 높아갈수록 그에 대한 일제의 감시는 더욱 날카로워졌다. 한국을 집어삼킬 준비에 몰두하던 일제는, 서북지역의 새로운 민족지도자로 떠오르는 그의 일거수일투족을 주시했다. 순종이 정주를 방문했을 때의 모습을 담은 일제의 보고서가 이 점을 잘 보여준다.

> 정주 같은 어가御駕가 머무는 곳에서는 수십 명의 봉영자奉迎者를 짐(순종)이 얼굴을 볼 수 없다고 하여 명령을 내려 특지자特志者로서 전 고등관들 외에 특히 유생장儒生長노덕제, 야소신도로서 신교육 열심가인 이승훈이라는 자에게 배알하게 하시고 교육 및 단체 노년 등에게 다대한 하사금을 내렸기 때문에 인심이 크게 자극됐다.

남강은 일제의 요시찰 인물로 찍혔고, 망국 직후 '안명근사건'과 '105인사건'에 연루되어 모진 시련을 겪어야 했다.

하지만 그럴수록 그는 민족의 지도자로 떠올랐다. 인생의 산전수전을 다 겪고 어느덧 40대 중반을 넘어선 남강의 어깨는 더욱 무거워졌다. 남강은 자신이 해야 할 일, 걸어야 할 길을 잘 알고 있었다. 이제 조선과 대한제국의 500년 역사가 기울어가고 대신 치욕스럽기 짝이 없는 일제의 식민통치가 기다리고 있었다.

'안명근사건'과
'105인사건'으로 시련을 겪다

    1910년 8월 29일, 수많은 애국지사들이 혼신의 노력을 기울였음에도 치욕적인 '한일합방'이 이루어지고 말았다. 망국의 이 날은 마침 방학 중이라 학생들이 학교에 없었다. 새 학기 첫날, 남강은 학생들을 데리고 뒷산으로 올라가 동쪽을 향해 정렬시키고 그 앞에 마주 섰다. 그리고 그는 5분, 10분이 지나도록 아무 말 없이 눈물을 흘리며 서 있을 뿐이었다. 이전까지는 남강이 국권 회복을 위해 노력했다면, 이제는 민족의 독립을 위한 헌신을 다짐해야 할 시간이었다.

    일제의 강제합병 이후 그에게 닥친 첫 번째 시련은 '안명근安明根사건'이었다. 이 사건은 '안악安岳사건'이라고도 불리는데, 1910년 11월 안중근의 사촌동생 안명근이 서간도에 무관학교를 세우려고 황해도 안악에서 자금을 모으다 붙잡히고 관련자 160여 명이 함께 처벌을 받은 사건이다.

일제는 안명근이 조선 총독 데라우치 마사타케寺內正毅를 암살하기 위해 자금을 모은 것으로 조작했다. 그리하여 김구·김용제·김홍량·도인권·배경진·이승길·최명식 등 황해도의 애국지사들로서 해서교육총회海西敎育總會와 양산학교, 면학회 등과 관련된 사람들을 마구 붙잡아들였다. 일제는 이들을 모질게 고문하여 허위자백을 받아 사건을 확대시켰다. 그리고 이들에게 강도 및 강도미수죄, 내란미수죄, 모살미수죄 등을 적용하여 안명근은 종신형, 김구·김용제·김홍량·도인권·배경진 등에게는 5~15년의 징역

데라우치 마사타케 통감 부임 행렬
병합 후에 제1대 총독에 임명되었다.

형을 내렸다. 또 40여 명은 울릉도와 제주도로 유배되었다.

남강은 이 사건과 직접적인 관련이 없었지만 이를 빌미로 서북지역의 애국지사들을 일망타진하려 한 일제의 날조에 휘말리게 되었다. 하지만 신민회를 중심으로 남강이 다른 인물들과 함께 일제의 마수에서 벗어나기 위한 독립운동 계획을 세우고 있었던 것은 사실이었다. 이에 대해 김구는 《백범일지》에 이렇게 적고 있다.

(합병 직후) 경성에서 양기탁이 주최하는 비밀회의 통지를 받고 나도 달려

〈백범일지〉

가 참석했다. 양기탁의 집에 출석된 인원은 양기탁·이동령·안태국·주진수·이승훈·김도희·김구 등이었다. 비밀회의를 열어 지금 왜가 경성에 이른바 총감부라는 것을 설치하고 전국을 통치하니, 우리도 경성에 비밀리에 도독부를 설치하여 전국을 다스릴 것, 만주에 이민계획을 실시할 것과 무관학교를 설립하고 장교를 양성하여 광복전쟁을 일으킬 것, 이를 준비하기 위해 이동령을 먼저 만주에 파송하여 토지 매수, 가옥 건축과 기타 일반을 위임하고, 그 나머지 참석한 인원으로 각 지방 대표를 선정하여, 15일 이내에 황해도에서 김구가 15만원, 평남의 안태국이 15만원, 평북 이승훈이 15만원, 강원의 주진수가 10만원, 경성의 양기탁이 20만원을 모집하여, 이동령의 뒤를 파송하기로 의결하고 즉각 출발했다.

이처럼 남강은 망국 직후 평안북도 독립운동의 책임을 맡게 된 것이다. 처음에 남강은 이 사건에 연루되지 않았는데, 이듬해인 1911년 2월 기차를 타고 서울에 오다가 일본 경찰에게 붙잡혔다. 다음은《백범일지》에 나오는 내용이다.

사리원에서 우리(김구 일행)와 호송하는 헌병 몇 명이 경성행 기차를 타고 가던 중 기차 안에서 이승훈을 만났다. 남강 이승훈은 우리가 묶여 가는 것을 보고, 다른 사람이 알지 못하게 차창 밖으로 머리를 내밀고 하염없이 눈물을 흘렸다. 기차가 용산역에 도착할 즈음 형사 한 명이 남강에게 인사를 하고 물었다.
"당신 이승훈씨 아니오?"
"그렇소."
"경무총감부에서 영감을 부르니 좀 갑시다."
하고서 기차에서 내리는 즉시 우리와 같이 묶어 끌고 갔다.

이렇게 남강은 영문을 모른 채 김구 일행과 함께 끌려갔다. 그리고 재판에서 제주도 유배형을 받았다.

그 해 4월, 남강은 서울에서 목포까지 기차를 타고 내려가 다시 배편으로 유배지인 제주도에 닿았다. 생각할수록 기가 막히는 일이었지만, 망국민의 처지에서는 억울함을 호소할 길도 없었다.

제주도에 유배되어 있던 남강은 좌절하지 않고 평상시와 같이 행동했다. 제주교회 옆 작은 집에 머물며 낮에는 가난한 사람들을 돕고 밤에는 성경을 읽고 기도를 드렸다. 또 여러 교회와 학교가 강연을 해달라고 요청하면, 남강은 이를 마다하지 않았다.

당시 제주도는 내륙과 단절되어 소외된 섬으로, 개화의 속도가 더딜 수밖에 없었다. 그러던 차에 전국적으로 유명한 민족운동가이자 계몽운동가인 남강이 왔으니 사람들의 이목을 끄는 것은 당연했다. 제주도에

남강이 유배되었던 제주도 민가

머무는 동안 남강은 제주도민들에게 민족정신과 개화사상을 일깨워주었다. 어찌 보면 남강의 제주도 유배생활은 그에게 또 다른 활동의 기회였고, 제주도 사람들에게는 행운이었던 셈이다.

남강은 한 교회에서의 강연에서 다음과 같은 내용으로 제주도민들을 일깨웠다고 한다.

나는 제주도에 와서 산수가 아름답고 기후가 따뜻한 데 놀랐습니다. 제주도는 탐라 고국으로서 한반도의 본이 되게 하기 위하여 하늘이 여기에 둔 것입니다. 제주도가 한반도의 본이고 한라산이 산의 본인 것처럼 제주도 사람들도 한국 사람의 본이 되어야 합니다. 그러기 위해서는 교회와 학교와 공장을 많이 세워야 합니다. 제주도는 남해에 솟아 있는 섬이어서 육지에는 목양과 약초 재배와 특수농작이 적당하고 해안과 바다에는 어항과 어장을 만들기에 적당합니다. … 나는 얼마 전에 해안선을 돌아보고 한라산 중턱에 올라가 보았습니다. 제주도야말로 우리 자손들이 영원히 번영할 수 있는 모범지역입니다. 나는 우리가 여기에 새로운 교육기관을 많이 만들어 힘써 배우고 부지런히 일하면 겨레의 영광을 회복하는 놀라운 광명이 여기로부터 본토에 비칠 것이라고 굳게 믿습니다.

제주도에 유배되어 있더라도 남강은 남강이었다. 그는 여기서도 신앙과 교육, 그리고 산업의 진흥을 통해 제주도를 발전시킬 수 있다고 역설했다. 그는 절망적 상황에서도 희망을 찾아낼 줄 아는 선각자였다. 일제의 강제합병 이후 전국의 사립학교가 1910년 1,973곳에서 1914년 1,242곳으로 줄었는데 제주도에서는 오히려 11곳에서 24곳으로 늘어났다고 한다. 이 역시 남강의 영향이 아니었을까.

유배기간 동안 남강은 교회에 나가 예배를 드리는 것은 물론 혼자 있을 때도 조용히 성경을 읽고 기도하며 신앙생활을 게을리하지 않았다. 그는 당시 다음의 찬송을 즐겨 불렀다고 한다.

환난과 핍박 중에도 성도는 신앙 지켰네
이 신앙 생각할 때에 기쁨이 충만하도다
성도의 신앙 따라서 죽도록 충성하겠네
옥중에 매인 성도나 양심은 자유 얻었네

우리도 고난 받으면 죽어도 영광되도다
성도의 신앙 따라서 죽도록 충성하겠네

이 찬송가의 가사는 남강의 처지와 각오를 너무나도 잘 보여준다. 크나큰 시련을 맞았음에도 그의 마음은 기쁨으로 가득 찼고, 육신은 섬에 갇혔으나 양심은 자유로웠다. 그리고 그가 믿은 하나님께뿐 아니라 민족을 위해서도 '죽도록 충성하겠다'고 다짐했다. 비록 기독교인이 된 지 3년도 채 되지 않았지만, 제주도 유배생활을 통해 이처럼 그의 신앙은 더욱 굳어졌다. 기독교 신앙은 남강이 제주도 유배생활을 버텨나가는 데 큰 힘이 되었다.

하지만 엎친 데 덮친 격으로 두 번째 시련이 찾아왔으니, '105인 사건'이 그것이었다. 서북지역의 애국지사들을 눈엣가시처럼 여기던 일제는, 민족운동계를 와해시키기 위해 다시 사건을 꾸몄다. 일제는 1911년 초대 총독 데라우치의 암살사건을 조작했다. 제1심 공판에서 유죄 판결을 받은 사람이 105명이었으므로 '105인사건'이라 부른다.

1910년 전후 평안도와 황해도 등 서북지역에서는 신민회와 기독교인들을 중심으로 항일운동의 기운이 무르익고 있었다. 그러자 일제는 이를 억누르기 위해 사건을 조작하여 애국지사들을 탄압하기 시작했다. 1910년 11월 군자금을 모으려 했다며 애국지사들을 투옥한 '안명근사건'에 이어 다시 신민회의 조직을 눈치 채고 '105인사건'을 날조한 것이다.

처음에 일제는 서북지역 애국지사들이 총독을 암살하려 한다는 풍문을 조사하면서 평안도 평양·선천·정주 등지에서 기독교 학교의 교

재판을 받기 위해 호송되는 105인사건 연루자들

사와 학생들이 암살계획을 세웠다는 각본을 만들어냈다. 이에 따르면, 1910년 8월 이래 서울 신민회 본부의 지휘로 5차례에 걸쳐 총독 암살 계획이 서북지역 기독교인들을 중심으로 진행되었다. 이들은 평양·선천·정주 등 9개 도시에서 이 일에 필요한 자금과 무기를 준비했으며, 1910년 11월 27일부터 12월 2일 사이에 압록강 철교 개통식에 참석하기 위해 경의선 열차편으로 총독이 올 때 그를 암살하려 권총을 숨긴 채 기차역에 잠복했다는 것이다.

실제로 암살은 이루어지지 않았지만 암살미수에 해당된다고 혐의를 뒤집어씌운 일제는 1911년 9월부터 남강을 비롯하여 양기탁·임치정·

윤치호·유동열·안태국 등 전국에서 600여 명을 검거했다. 일제는 이미 짜놓은 각본에 맞추어 이들을 잔인하게 고문하여 허위자백을 받아냈다. 이 때 고문이 얼마나 지독했던지 후유증으로 정신병자가 되거나 죽은 사람도 있었다. 다음과 같은 증언을 보아도 그 처참한 상황이 짐작된다.

> 반듯이 눕혀 놓고 코에 물을 부어 배가 불러 올라온 것을 발로 걷어차 물이 코로 분수처럼 나오게 하고, 대나무를 가늘게 쪼개 작은 못을 만들어 손톱 밑에 박아 넣고, 연필을 손가락 틈에 끼워 주리를 틀고, 좌우 팔을 뒤로 돌려 엄지손가락 두 개에 노끈을 매어 천장에 온몸을 매어달고 몇 시간씩 내버려두어 엄지손가락 살갗이 벗겨져 뼈만 보이게 하고, 대나무를 가늘고 길게 쪼개 그것으로 몸을 후려갈겨 대줄이 몸에 감기면서 살에 쏙 늘어박히게 하고, 벌겋게 달아오른 쇠로 다리나 팔을 숙숙 지져 연기가 자욱했고, 추운 날 옷을 벗겨 수도꼭지에 몸을 붙들어 매고 찬물을 한없이 끼얹은 뒤 몇 층으로 붙들어 맨 나무 사이에 여러 시간을 끼워 두고, 달 밝은 밤에 남산으로 끌고 올라가 미리 파놓은 구덩이 속에 세워 놓고 뒤에서 총을 쏘고….

이처럼 강압적이고 야만적인 고문 뒤에 열린 '105인사건' 재판은 1912년 6월부터 경성지방법원에서 제1심 공판이 시작된 이래 1913년 10월까지 5차에 걸쳐 진행되었다. 1912년 9월 제1심 공판 판결에서는 재판에 회부된 123명 중 18명을 제외한 나머지 105명에게 검사측이 구형한 형량이 그대로 적용돼, 징역 5~10년의 유죄판결이 내려졌다. 유죄

판결을 받은 105명은 모두 고등법원에 항소했고, 결국 주모자로 지목된 윤치호 등 6명을 제외한 99명이 무죄 판결을 받았다. 일제 스스로 이 사건의 허구성을 드러낸 셈이다. 일제는 이 사건을 통해 신민회의 실체를 파악하고 해체시키는 등 항일조직을 와해시켰지만, 이 사건에 연루되었던 많은 운동가들은 해외로 망명하여 독립운동에 가담하게 되었다.

제주도에 유배되어 있던 남강도 서울로 압송돼 재판을 받았다. 일제는 이 사건을 조작하면서 남강을 사건의 주모자로 몰아가려 애썼다. 이것은 서북지역 신민회 조직의 핵심인물인 남강을 제거하여 이 지역 민족운동의 싹을 자르려는 수작이었다. 재판과정에서 재판장과 최성민의 다음과 같은 문답이 이 점을 잘 보여준다.

문: 이승훈을 아는가?
답: 알고 있다. 어릴 때부터 같이 놀곤 했으나, 그 후는 서로 하는 일이 달라져 10여 년간이나 만나지 못하고 있었다.
문: 원심에서 피고에 대한 사실 인정에 의하면, 재작년 음력 11월 24~25일쯤, 이승훈이 납청정에 와서 동지들을 모아놓고 총독이 순시하는 기회를 틈타 선천 정거장에서 (총독을) 암살하자는 협의를 했으며, 피고는 이에 찬동하여 같은 달 28일 아침에 동지들과 함께 단총을 휴대하고 선천 정거장에 나가 총독이 하차하기를 기다려 살해하려고 기도했으나, 그 날 총독은 하차하지 않았으므로 목적을 달성하지 못했고, 그 다음 날인 29일에도 그 장소에서 실행코자 했으나 경계가 엄중하여 총독이 하차했는데도 실행할 수 없었다는데, 그런 사

실이 있지 않았는가.

답: 그러한 사실은 전혀 없었던 일인 바, 원심에서 인정한 사실은 총감부에서 처음으로 들은 것이며, 총독이 순시한다는 일이나, 암살 단체에 가입한 일은 절대로 없다. 다만 총감부에서 신문관이 말하는 대로 고문에 못 이겨 "예, 예" 하고 대답했던 것이다.

문: 그러나 총감부에서는 총독을 암살하기 위하여 선천 정거장에 동지들과 함께 두 차례나 갔으나 모두 실패했다고 진술했고, 또 이승훈이 크게 노하여 피고 등에게 밥 먹는 것 외에는 아무짝에도 쓸모없는 놈들이라고 고함을 쳤었다는 것까지 진술했는데, 그렇지 않은가?

답: 총감부에서 신문받을 때에 사실을 부인했으나, 혹독한 고문을 견딜 수 없었고, 또한 두 차례나 거의 죽을 지경에 이르렀다가 다시 살아나서 신문을 받았는데, 말하지 않으면 처자까지도 연행되어 고문을 당하게 될 것이라고 하여, 부득이 사실이 아닌 것을 진술한 것이다.

이처럼 일제는 계속 남강과 주변 인물들을 고문하고 가족까지 위협하며 그를 주모자로 몰아가려 했다. 하지만 남강은 끝까지 혐의를 부인했다. 총독을 암살하려 했다는 것은 사실이 아니었고, 신민회 조직의 책임자로서 다른 사람들에게 피해를 끼치지 않으려는 이유에서였다. 남강은 억울하게도 유배 중에 다시 투옥되는 이중고를 겪어야 했다. 평소 남강을 미워한 일제는 그에게 징역 6년을 선고했다. 남강은 대구 감옥과 경성 감옥에서 4년 2개월 옥고를 치렀다.

제주도 유배기간에도 그랬지만 남강은 감옥에서도 희망을 잃지 않고

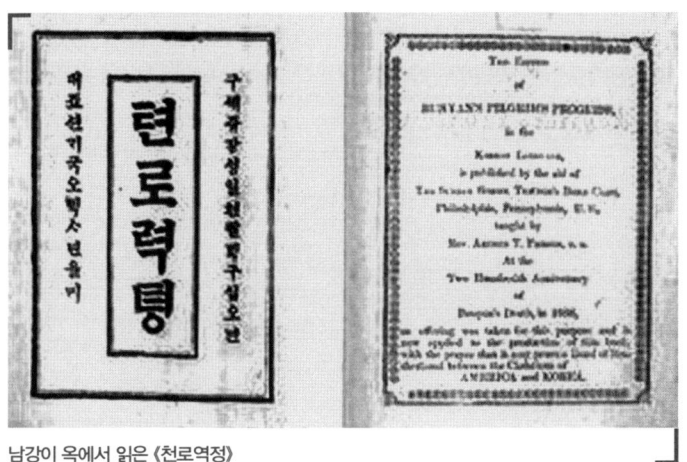

남강이 옥에서 읽은 《천로역정》

하나님께 더욱 의지했다. 옥중이라 만날 사람도, 해야 할 일도 없으니 눈만 뜨면 성경 읽고 기도하는 것이 일과가 되었다. 그는 감옥에서 신약성경을 무려 100번 이상 읽었다. 오산학교 교장인 라부열 선교사가 가끔 면회 와 용기를 북돋워주고 《천로역정天路歷程》 같은 신앙서적을 넣어주었다. 그러는 사이 그의 신앙은 더욱 깊어졌다.

 남강은 감옥에서도 여전히 부지런했고, 남들이 꺼리는 궂은일도 마다하지 않았다. 체면을 차리지도 권위를 부리지도 않았다. 방 청소는 물론 변기를 치우고 닦는 일도 그의 몫이었다. 오산학교 시절에도 학생들과 함께 화장실 청소를 한 그였기에 낯설 것도 없었다. 그는 손으로 변기통을 닦으며 이 민족을 위해서라면 언제까지라도 변기통 청소를 할 수 있게 해달라고 기도했다.

민족을 위해서라면 아무리 힘들고 궂은일이라도 기꺼이 앞장서겠다는 다짐이었다. 일제의 의도와는 달리 감옥은 항일투사 남강을 더욱 단단하게 연단시켜준 훈련소였다.

조만식과 함께
민족계몽운동에 힘쓰다

고당 조만식

남강이 감옥에 갇히면서 지도자를 잃은 오산학교는 큰 위기를 맞았다. 박기준과 유영모, 이광수 등 교사들이 그럭저럭 학교를 운영했지만 유영모가 1912년 일본 유학을 떠나면서 다시 곤경에 빠졌다. 이 때 오산학교에 부임하여 발전의 기틀을 다진 인물이 바로 '조선의 간디'라 불리는 고당 조만식이다.

　일본 동경에서 유학 중이던 조만식은 유영모를 만나 오산학교를 소개받았고, 1913년 3월 일본 메이지^{明治}대학 법학부를 졸업한 뒤 4월 오산학교 교사로 부임했다.

　일본 유학까지 다녀온 엘리트 지식인이 지방 벽촌의 교사로 온다는 것은 예사로운 일이 아니었다. 하지만 옥중의 남강이 간청해 그도 마다

고당 조만식

할 수 없었다. 조만식은 평양 출신으로 남강의 인품과 활동을 잘 알고 있었기 때문이다.

조만식은 유학까지 다녀왔지만 머리칼은 박박 깎고 중절모자에 두루마기를 입고 가죽신을 신었다. 그리고 법률·경제·지리·영어·성경 등 과목을 가리지 않고 전천후로 가르쳤다. 그가 부임한 뒤 얼마 지나지 않아 이광수마저 오산학교를 떠나 조만식은 더욱 바빠졌다. 하지만 그의 인품과 열정은 유영모와 이광수의 공백을 거뜬히 메우고도 남음이 있었다. 다음은 그의 수업에 대한 김항복의 회고이다.

내가 오산학교에 입학했을 때는 조만식 선생이 잠시 평교사로 있다가 교장으로 승진할 무렵이었다. 조만식 선생은 그 때 지리와 역사를 함께 가르쳤고 어떤 때는 영어도 가르쳤다. 영어를 배우던 기억이 나는데, 영어 발음도 좋았다. 중등교육이라고 하지만 그 시절엔 전문적인 교육이라기 보다 각 방면에 걸친 종합적인 교육이었다. 교풍도 엄했으며 누구나 국산품을 애용하겠다는 결심을 하게 되었다. 이 모든 것은 다 조만식 선생의 힘이었다.
교장선생님으로 학교의 기틀이 좀 잡히자 수신修身과목을 전담하셨다. 조 교장은 말로 수신을 가르치지 않고 행동으로 가르쳤다. 실천으로 학생들의 표본이 되어 큰 존경을 받았다. 어떤 때는 엄격한 명령도 내리고 시간 엄수를 강조했다. 시간 엄수를 못 하면 그 질책이 대단했으며, 학생들에게 의리와 신뢰를 무언의 감화로 일깨워주셨다. 조 교장의 교육은 참으로 엄격 위주였지만, 그 바탕은 진실과 사랑이었다.

한경직 목사

뒷날 한국 교회의 거목이 된 한경직도 오산학교의 학생이었다. 하루는 저녁 자습시간에 피곤해서 길게 하품을 했다. 그 때 조만식 교장이 교실 안을 들여다보다가 이를 발견하고 아직 어린 학생이 그렇게 길게 하품을 하면 남이 게으름뱅이라고 생각하게 되니 앞으로는 조심하라고 타일렀다. 온화하면서도 따끔한 질책이었다. 이후 한경직은 평생 동안 하품을 길게 하지 않았다.

이처럼 조만식은 남강 못지않은 인격자였고 애국자였으며 신앙심도 남달랐다. 지방색을 없애기 위해 "고향을 묻지 말라"고 사람들에게 주의를 주었으며, 설교시간에는 다음과 같이 학생들을 깨우쳤다.

첫째, 사람을 사랑하고 겨레를 사랑하거라.
둘째, 옳은 사람이 되거라. 그러자면 예수를 믿어야 한다.
셋째, 학문을 잘해서 남에게 뒤지지 말거라.

조만식은 평양에 있는 가족들과 떨어져 학생들과 함께 기숙사에서 지내며 사감 일도 했다. 그는 남강처럼 절제와 규율이 몸에 밴 사람이었고 학생들도 그렇게 가르쳤다. 그리고 남강이 그랬듯이 학생들과 동고동락하며 솔선수범했다.

조만식과 학생들의 하루 일과는 아침 6시에 종이 울리면 모두 일어나 운동장에 모여 체조를 하고 뒷산을 한 바퀴 돌아 내려오는 것으로 시작됐다. 아침식사를 하고 오전 8시 반부터 오후 4시까지 수업을 했다. 이어 오후 6시까지 휴식을 한 뒤 저녁식사를 하고 그 날 배운 것을 복습했다. 그리고 밤 10시에 종이 울리면 모두 불을 끄고 잠자리에 들었다.

조만식은 학생들에게 조금도 어김없이 이 같은 일정을 지키도록 지도했다. 하지만 가끔은 밤늦게 학생들을 데리고 뜰에 앉아 교가와 민족의식이 담긴 노래를 부르며 애국심을 심어주기도 했다.

그는 평생 수입품을 쓰지 않은 것으로도 유명하다. 이를 닦을 때도 치약과 칫솔 대신 소금을 썼고, 서양비누 대신 팥비누로 씻었다. 그는 학생들에게 자기처럼 하라고 강요하지 않았지만 점차 그를 따라하는 학생들이 늘어났다. 그가 즐겨 쓰던 중절모자마저 수입품이라 해서 찢어버렸다.

오산학교에는 사환이 따로 없었다. 그렇다고 학생들만 궂은일을 한 것은 아니었다. 남강이 그랬듯이 조만식도 이 전통을 이어나갔다. 눈이 오면 제일 먼저 교정에 나와 눈을 치웠고 학생들과 함께 땔감을 마련하러 제석산에 올랐다. 또 학생들의 자치능력을 키워주고자 학생회를 조직했는데, 임원은 학생들이 직접 뽑았다. 또 재학생과 졸업생을 아우르는 동창회를 조직했다. 그리고 공동목욕탕을 만들어 학생들이 1주일에 한 번씩은 목욕하도록 하는 등 생활 개선에도 관심을 기울였다.

이렇듯 남강이 감옥에 있는 동안 조만식이 부임한 것은 오산학교에 크나큰 행운이었다. 학생들에게는 남강이 곧 조만식이요, 조만식이 곧 남강이었다. 조만식의 민족정신은 남강에 못지않았기에, 남강이 없는 동안에도 오산학교는 민족교육기관으로서의 역할을 다할 수 있었다. 일제강점기 민족지도자를 꼽을 때 누구나 남강과 조만식을 거론하는 것은 과장이 아니다. 이같은 조만식의 지도에 힘입어 오산학교는 속속 민족의 인재들을 배출했다.

석방과 심기일전

마침내 1915년 2월 남강은 가석방으로 풀려났다. 그리고 옥중에서도 오매불망 한시도 잊은 적이 없는 오산학교를 찾았다. 그의 피와 땀이 어려 있는 교정, 형제나 다름없는 교사들, 자식과도 같은 학생들을 보고 그는 왈칵 눈물을 쏟지 않을 수 없었다. 남강에게는 자기가 없는 동안 고난을 견디며 학교를 지탱해준 이들이 눈물겹게 고마웠다. 남강은 재학생과 졸업생들을 모아놓고 이렇게 당부했다.

> 내가 감옥에 있는 동안 여러 선생님들이 노력하고 지도해주셔서 벌써 5회째 졸업생이 나왔구나. …… 나는 감옥에 있으면서 잠시도 오산학교를 잊은 적이 없어. 추운 바닥에서 자면서 학교 꿈을 여러 번 꾸었지. 선

생님과 학생들이 가르치고 배우는 얼굴이 떠올랐단다.

이제 내가 해야 할 일은 빼앗긴 나라를 다시 손에 넣어 영광된 나라로 만드는 것이지. 그런데 이 일을 하기 위해서는 해외로 나가는 것도 필요하고, 세계의 여론을 일으켜 우리에게 유리하게 이끌어 지원을 얻는 것도 필요하고, 군대를 육성하여 공격하는 것도 필요해. 하지만 국민 한 사람 한 사람이 각성하여 밝고 덕 있고 힘 있는 인간이 되기 전에는 이런 것들은 전부 쓸모가 없어. 10년 된 병에는 10년 된 쑥이 약이 되는 법이야. 만약 이 쑥이 없으면 지금부터라도 모으지 않으면 안 되지. 나는 자네들이 방방곡곡에 흩어져 국민 속으로 파고 들어가 그들을 깨닫게 하고 그들의 힘을 길러 민족 광복의 진정한 기틀을 준비하는 사람이 되기를 바라네.

남강은 출옥하자마자 정주읍교회에서 정기정 목사에게 세례를 받았으며, 1916년에는 오산교회의 장로가 되었다. 그리고 이듬해인 1917년 평양장로회신학교에 입학하여 본격적으로 신학 공부를 시작했다고 한다. 이후 남강의 활동을 《중외일보》 1930년 5월 11~16일자는 이렇게 적고 있다.

가출옥하자 선생은 52세에 세례를 받고 평양신학교에 들어갔다. 세상의 온갖 풍파를 겪고 오십이 넘어서 다시 학교에 들어간다는 것은 여간한 포부와 결심이 없이는 하지 못할 일이었다. 1년간 신학교에서 공부를 하고 나와서 장로가 되어 한 3년 동안 정주를 중심으로 각지를 다니며 교회당 강단에서 열심히 민중에게 부르짖었다. 이같이 하여 예수교회 내에서도 중요한 인물로 경향京鄕에서 이름이 높게 되었는데…….

또 남강의 제자 김도태는 이렇게 증언했다.

예수교회에 대하여 그 전에는 혹 댁에 계실 때는 출석했으나 대개는 출타하므로 성실히 믿지 못했다. 이번에는 옥중에서 굳은 신앙을 얻은 까닭에 먼저 세례를 받고 … 이어 본 교회 교도들의 중망衆望에 의하여 장로에 선택되어 교회의 관리를 맡고, 이제 몸을 교회에 바치어 여생을 여기에 바치려 하나 교리를 모르고는 어두운 밤에 등불 없이 가는 것과 같다 하며 평양신학교에 입학했다.

두 기록을 보면, 그가 장로가 된 뒤 신학교에 입학한 것인지, 아니면 신학교에 입학한 뒤 장로가 된 것인지가 일치하지 않는다. 아무튼 남강은 교육뿐 아니라 종교를 통한 민족운동에 적극 나섰고, 그의 활동거점은 학교에서 교회로 더욱 넓어졌다. 남강은 조만식과 함께 오산학교와 오산교회에서 기도하며 머리를 맞대고 민족의 장래를 위해 고민했다.

그런데 남강이 출옥한 뒤 "남강이 변했다"는 소리가 여기저기서 들려왔다. 아닌 게 아니라 그는 달라졌다. 우선 한복 대신 양복을 입었다. 석방을 앞두고 그는 친지에게 양복을 가져다달라고 부탁했고, 마중 나온 사람에게 처음 던진 말도 "양복 가져왔나?"였다고 한다. 그 까닭을 물으니 "양복은 일하게 생긴 옷이지 앉아 있을 수 있는 옷이 아니야. 내가 이제 나가면 앉지 말고 일해야 하는데"라고 대답했다. 그리고 이전에 하지 않았던 관청 출입도 잦아졌다. 양복을 입고 관청에 드나드는 모습을 보고 사람들은 "남강이 매수되었다"고 수군대기도 했다.

하지만 남강은 그런 주변의 시선을 크게 의식하지 않았다. 오산학교를 발전시키기 위해서는 관청에도 드나들어야 하고 관리들도 만나야 했다. 그는 오산학교에서 배출된 인재들이 전국에 퍼져 민족정신을 일깨우는 데 앞장서주기를 바랄 뿐이었다.

한 번은 한 학생이 말썽을 피워 근신과 정학 처분을 받았는데도 반성하는 빛이 없었다. 그래서 교사들이 퇴학 처분을 내리자고 의견을 모았다. 하지만 남강은 반대하며 이렇게 말했다.

사나운 망아지라야 길들이면 명마가 되는 것이오. 길들일 가치가 있는 사나운 망아지를 내쫓는 건 좀더 생각해 봅시다.

결국 이 학생은 남강의 배려로 마음을 고쳐먹고 열심히 공부해 무사히 졸업했다. 학생 한 사람 한 사람의 적성을 살펴보아 장점을 살려주고 장래를 준비시키는 남강의 교육철학을 보여주는 일화다.

남강은 오산학교 졸업생들의 진로에도 각별히 신경을 썼다. 수시로 그들을 몇 명씩 집으로 불러, 졸업 후에 어떤 직업을 가져도 좋으니 반드시 민족을 위해 봉사하라고 당부했다. 그리고 학생들의 취향과 적성에 맞게 진로를 제시하고 민족을 위해 봉사하도록 지도했다.

'안명근사건'과 '105인사건'으로 감옥에 갇혔다가 풀려난 뒤에는 학생들에게 공업과 산업의 중요성을 강조했다. 장차 민족의 발전과 조국의 독립을 위해서는 공업과 산업에 바탕을 둔 경제적 양성이 필요하다고 생각했기 때문이다. 하지만 오산학교에는 이런 교육을 시킬 만한 교사나 시설이 없었기에 남강은 외국 유학을 권했다. 이에 따라 일본에 건너가 전기과·기계과·수물과(數物科)·야금과·토목과·농학과에 입학하여 공부하는 졸업생들이 많았다.

또한 남강은 졸업생들이 교사가 되어 학생들을 가르치는 것이 민족의 장래를 위해 중요하다고 생각했다. 이에 따라 많은 졸업생들이 소학교(초등학교) 교사가 되어 방방곡곡에 퍼져나갔다.

뒷날 조선의용군 사령관이 된 김홍일이 오산학교를 졸업할 때의 일이다. 그가 홍콩대학에 진학하려 하자, 남강은 그를 불러 유학을 만류하며 이렇게 권유했다.

> 내가 황해도 신천에 있는 경신학교 교사로 너를 추천했으니 거기로 가는 게 좋겠다. 지금 네 생각에는 소학교 교사가 보잘것 없겠지만 그렇지 않단다. 나는 오산 졸업생을 전국의 소학교에 교사로 보낼 작정이다. 일심일기(一心一起), 우리는 한마음으로 단합해서 일어서야 한다. 내가 예수를 믿는 것도 일어나기 위해서지. 혼자만 잘 되어서는 안 된다. 소학교 교사가 결코 보잘것 없는 것이 아니란다.

남강은 해외에서의 민족운동도 중요하지만, 그것보다는 국내에서의 민족교육과 계몽운동이 더욱 시급하다고 생각한 것이다. 그래서 많은 졸업생들을 전국 각지에 교사로 취업시켰으며, 지방을 방문할 때마다

김홍일

그곳에 교사로 있는 졸업생들을 꼭 만나 격려와 당부를 아끼지 않았다.

한편 출옥 이후 남강의 건강은 조금씩 나빠졌다. 일제의 고문 후유증 때문이었다. 한 번은 남강이 학생 김홍일을 뒷산 계곡에 데리고 가서 목욕을 하며 등을 밀어 달라고 했다. 원래 오산학교에는 공동목욕탕이 있었지만 남강은 이용하지 않았기에 교사와 학생들이 이상하게 여기고 있던 터였다. 김홍일은 옷을 벗은 남강을 보고서야 그 이유를 알게 되었다. 그의 등에는 징그러울 정도로 흉한 상처자국이 남아 있었고, 허벅지도 살점이 떨어져나가 푹 파여 있었다. 남강은 "이 상처가 바로 왜놈들의 죄악상을 말해 주는 것"이라면서 분을 삭였다.

1918년에는 한경직을 비롯한 몇몇 학생들이 저녁 때 남강의 집을 찾아왔다. 그는 아픈 몸으로 자리에서 일어나 학생들을 맞이했다. 학생들이 어디가 아프시냐고 물으니 그는 이렇게 대답했다.

오늘이 바로 내가 몇 해 전 감옥에 들어가서 일본 놈들에게 실컷 매를 맞은 바로 그 날이다. 이상하게도 매년 이 날이 돌아오면 매를 맞은 자리가 몹시 아파 몸을 가누지 못하겠구나. 너희도 알다시피 우리나라가 망한 지 여러 해 되지 않느냐. 독립될 희망이 점점 희미해지니까 이른바 애국지사란 자들의 마음이 점점 식어가는구나. 하지만 너희들 똑똑히 들어

라. 나 이승훈이는 죽을 때까지 조선 사람으로 살다가 조선 사람으로 죽을 거야!

그런데 사정은 그가 유배되기 전보다 훨씬 좋지 않았다. 이미 망국민이 된 터라 희망을 잃고 자포자기하는 사람들이 많아진 것이다. 오산학교를 후원하던 손길도 끊기고, 학교를 그만두는 학생들도 속출했다. 열심히 예수를 믿다가 다시 술을 마시는 사람들도 있었다. 이 같은 악조건에서 조만식을 비롯한 교사들이 헌신과 열정으로 오산학교를 유지해온 것만도 대단한 일이었다.

이 같은 상황에서 출옥한 남강은 심기일전하여 새로운 교사校舍 신축에 발 벗고 나섰다. 경의재에서 동남쪽으로 조금 올라간 곳에 새 교사를 짓기로 하고, 남강을 비롯한 교직원과 학생들이 함께 먹고 자며 혼연일체가 되어 노력했다. 남강은 건축에 쓸 재목을 박천이나 곽산에서 사서 배로 운반했다.

마침내 1917년 아담한 반양식半洋式 건물이 완성되었다. 여기에는 교장실과 사무실, 4개의 교실이 마련되었다. 옆에는 예배당이 나란히 있었고, 아래로는 순한식純韓式 건물인 경의재가 있었으며, 그 동쪽과 서쪽에 기숙사 두 채가 있었다. 이로써 오산학교는 새로운 면모를 갖췄다. 당시의 상황이 《신동아》 1935년 11월호에 이렇게 실려 있다.

밖으로 세정世情도 무심하거니와 안으로 현상유지에 급급했는지라 시대의 진운進運에 순응하기에는 제반 시설에 부족한 느낌이 없지 않았다. 이

오산학교 과학수업 광경

오산학교 영어수업 광경

에 현상을 깨트리고 신기축新機軸을 들이기 위해 오산 역량에 있어 최대 규모인 71평의 교사를 신축하기에 착수하여 1년 반에 성공했다. 그 사이에 유리창은 서西에서 밀고, 마루감은 동東에서 얻고 하면서도 기본적립금을 다 써버렸다. …… 목수를 불러 식탁을 만들고 가족을 데리고 밥장사를 하라 하고 남아 있던 토지를 마저 바쳐 기본재산을 만들기도 했다. 이렇게 지은 집이 백년 이백년을 지낼수록 더욱더욱 귀하다 하겠거늘 한 돌이 못되어 다음해 기미년 6월에 불에 타서 없어졌다.

새로운 교사도 남강이 자기의 재산을 바치고 피와 땀을 쏟아 완성한 것이었다. 가족에게 밥장사를 시키면서까지 그는 오산학교를 발전시키기 위해 애썼다. 남강은 위기를 맞을 때마다 희망을 찾아 정면돌파해 나갔다. 교사 신축도 이런 자세의 소산이었다.

남강과 조만식의 노력 덕분인지 바로 이 시기에 오산학교를 빛낸 인재들이 여럿 배출되었다. 백인제·백봉제(이상 6회), 김주황·박동진·주기용·주기철(이상 7회), 김항복(8회), 김홍일(9회), 조진석·한경직(이상 10회) 등이 그들이다.

하지만 위의 기록에 나오듯 이 교사는 채 2년을 넘기기도 전에 폐허가 되는 비운을 맛보게 되었다. 3·1운동의 만세함성이 오산을 휩쓸고 간 뒤 일제가 민족교육의 산실인 오산학교를 가만두지 않았기 때문이다.

'민족 대표'가 되어 3·1운동에 앞장서다

서북지역의 독립선언 계획

유배와 투옥이라는 쓰라린 경험을 했지만 남강의 민족정신은 꺾이지 않았다. 오히려 이 같은 고통을 이겨내며 그의 민족의식은 더욱 굳어졌다. 이제 나이도 50대에 접어들었으니 편안하게 살고 싶기도 하련만, 그는 자기 앞에 놓인 가시밭길을 계속 걸어가기로 마음먹었다.

하루는 제자들이 찾아와 이런저런 얘기를 하다가 남강에게 "요즘 세상은 참 살기 어렵습니다"라고 했다. 그러자 남강은 버럭 역정을 내며 이렇게 말했다.

거 무슨 소리야! 일본 놈들 하자는 대로 하고, 그 비위에 맞춰 앞잡이 노릇 하면 이렇게 살기 쉬운 세상이 어디 또 있어? 쉽지, 암 쉽고 말고, 왜 어려워? 옳게 살려니까 어려운 게야.

　많은 사람들이 일제에 빌붙어 호의호식하는 세태를 비판하고, 민족을 위해 바르게 살라는 가르침이었다. 남강처럼 유명한 인물이면 편안히 살 수 있는 길도 얼마든지 있었다. 일제에 협력하거나 민족운동을 포기하면 말이다. 하지만 남강은 그럴 생각도 없었고 민족의 현실도 그에게 그런 틈새를 주지 않았다. 감옥에서 풀려난 지 4년 만에 다시 3·1운동에 앞장서게 된 것이다.

　1918년 9월 평북 선천에서 장로교총회가 열렸을 때 상해교민 대표로 여운형이 참석했다가 남강을 만나 국내외 정세에 대해 논의했다. 또 11월에는 만주에서 '무오戊午독립선언'이 발표되었다는 소식이 들려왔는데, 그 대표 중에는 오산학교 교사였던 여준도 있었다. 12월에는 동경 유학생 서춘이 모교에 들러 동경 유학생들의 분위기를 알리며 남강과 함께 독립운동의 방법을 상의했다. 이 때 남강은 국내와 상해·동경에서 각각 독립을 선언하자는 의견을 제시했다. 그리고 오산교회 교인들 및 양전백·이명룡 등 애국지사들과 함께 비밀리에 독립운동을 준비했다.

　1919년 2월에는 상해에서 선우혁이 파견되어 남강을 비롯한 서북지역 민족지도자들을 만나 독립선언을 협의하게 되었다. 남강은 선우혁을 만난 뒤 그냥 누워 있다가 죽을 줄 알았는데, 이제 죽을 자리가 생겼다며 다시 감옥에 들어갈 것이 불을 보듯 뻔한데도 좋아했다. 그리고 형의 명의로 되어 있는 땅을 팔아 운동자금을 마련했다. 이후 서북지역에서는 남강을 중심으로 독립선언을 위한 독자적인 계획이 무르익어 갔다.

기독교·천도교 연합을 중재

마침 서울의 천도교 측에서 독립선언에 대해 협의하자는 연락이 왔다. 이에 남강은 2월 10일 서울에서 천도교 측 인사들을 만났다. 천도교 측에서는 서북지역에서 독립선언을 위한 계획이 있다는데 사실이냐고 물었고, 남강은 그렇다고 대답했다. 이에 천도교 측은 거족적인 독립선언을 위해 천도교와 기독교가 제휴하는 것이 좋지 않겠냐고 물었다. 남강은 이 제의를 흔쾌히 받아들였다. 민족의 독립을 위한 거사인데 종교가 다른 것은 문제가 될 수 없다고 생각했기 때문이다.

하지만 시간이 너무도 촉박했다. 남강은 설레는 마음으로 기독교계 인사들을 설득하기 위해 바쁘게 뛰어다녔다. 하지만 생각만큼 쉽지 않았다. 목사나 전도사가 정치문제에 관여하는 것은 옳지 않다는 사람도 있었고, 다른 종교인 천도교 측과의 제휴를 마다하는 사람도 있었기 때문이다.

그럴 때면 남강은 나라 없는 놈들이 어떻게 천당을 갈 수 있으며, 이 백성이 모두 지옥에 있는데 당신들만 천당에서 내려다보면서 거기 앉아 있을 수 있겠냐며 그들을 꾸짖었다.

하지만 기독교계 인사들은 계속 난색을 보였다. 할 수 없이 남강이 서울과 평안도를 오가며 천도교 측과의 교섭을 책임져야 했다.

2월 20일 남강은 천도교 측 인사를 만나 운동자금으로 5,000원을 요구하여 승낙을 받았다. 만세운동에 필요한 자금과 가족의 생활비를 걱정하는 사람들도 있었기 때문이다. 같은 날 저녁에는 박희도·신홍식·오기선·오화영·정춘수 등을 만나 같은 기독교 교파인 감리교와 장로교가 함께 만세운동에 참여하자고 설득했다.

2월 21일에는 김세환·박희도·신홍식·안세환·오기선·오화영·이갑성·함태영·현순 등을 만나 천도교 측과의 연합을 다시 논의했다. 이 자리에서는 다음과 같은 결정이 나왔다.

선우혁

1. 천도교와의 합동 추진 문제는 천도교 측의 운동방법을 정확히 탐문해 본 후 결정한다.
2. 독립청원서에 서명할 대표자들을 모집하기 위해 신홍식을 평양에, 오화영을 개성에, 이갑성을 경상도에, 김세환을 충청남도에 보내고, 구주에 서면을 보내기 위해 현순을 상해에 파견한다.
3. 이승훈·함태영 두 사람으로 기독교 측을 대표하게 하여 모든 일을 일임한다.

이처럼 남강은 기독교계의 3·1운동을 계획하고 추진한 중심인물이었다. 그는 목사나 전도사가 아닌 장로였다. 하지만 그런 것에 연연하지 않고 자기가 해야 할 말을 하고 해야 할 일을 했다. 그와 함께 기독교 측 대표가 된 함태영이 남강을 "실질적인 지도자"라고 한 것도 빈말이 아니었다. 천도교와의 연합을 주저하거나 반대했던 사람들도 그의 굳은

민족 대표 33인의 기록화

독립선언 장소인 태화관

3·1운동 만세시위

의지 앞에서 하나둘 생각을 바꾸었다.

하지만 아직도 문제가 남아 있었다. 기독교 측에는 '독립선언宣言'을 할 경우 일제에 크게 탄압받을 수 있으니, 조금 부드러운 '독립청원請願'을 하는 것이 어떻겠냐고 생각하는 사람들도 있었기 때문이다. '선언'이 누구의 눈치를 보지 않는 자주적 성격이라면, '청원'은 상대의 호의에 기대는 의타적 성격이었다.

남강은 2월 22일, 천도교 측과 만나 이에 대해 논의했으나 천도교 측에서는 독립청원을 반대했다. 이날 밤 기독교 측 인사들은 다시 만나 독립선언에 찬성하기로 뜻을 모았다.

이어 2월 24일 남강은 천도교 측을 만나 기독교 측이 천도교 측과 합동으로 독립선언을 하겠다고 알렸다. 같은 날 불교계 인사들도 이에 가세함으로써 3·1운동은 종교 간의 장벽을 뛰어넘는 거족적 만세운동으

3·1운동 당시 덕수궁 대한문 앞

3·1운동 당시 동대문

로 발전할 수 있었다. 이제 큰 고비는 어느 정도 넘긴 셈이었다.

그런데 사소한 문제를 놓고 다투기도 했다. 2월 26일 한강 인도교 근처에서 남강과 박희도·안세환·오화영·이필주·최성모·함태영 등이 만났는데, 독립선언서에 서명할 순서를 놓고 언쟁이 벌어졌다. 잠시 밖에 나갔다가 들어오며 이 모습을 본 남강은 화가 치밀어 순서 따위에 연연하는 자들을 크게 꾸짖고 손병희를 먼저 쓰도록 했다.

민족의 장래가 걸린 거사를 앞두고 누구 이름을 먼저 쓸 것인가 다투고 있으니 남강으로서는 답답한 노릇이었다. 50대 중반의 나이에 직접 밥품을 팔며 천신만고 끝에 성사시킨 일인데 말이다. 남강의 호통에 다른 인사들은 얼굴을 붉혔고, 남은 일도 순조롭게 진행되었다.

2월 27일, 남강은 다시 김창준·박동완·박희도·신석구·신홍식·오화영·이갑성·최성모·함태영 등과 만나 최남선이 지은 독립선언서의 내용을 검토했고, 28일 천도교 측 손병희의 집에서 이른바 '민족대표'들이 모여 회합을 가졌다.

마침내 역사적인 3월 1일의 날이 밝았다. 당초 파고다공원에서 독립선언을 하기로 했으나 과격시위가 벌어질 것을 우려하여 태화관으로 장소를 옮겼다. 이들은 독립선언서 낭독에 이어 만세삼창을 한 뒤 헌병대에 전화를 걸었다. 그리고 곧 도착한 헌병들에게 끌려갔다.

문: 피고는 한일합방을 반대했는가?
답: 그렇다. 하나님이 가르치시는 바가 있으니 오색인종 어느 누가 조국의 흥망과 종족의 번영을 바라지 않으며, 더욱이 남의 나라에 병합된

자기 나라의 독립을 바라지 아니하랴. 일본 정부에 대하여는 결코 악감정을 가지지 아니했다. 그렇지만 7~8년 전 총감부에서 신문을 당할 때부터 독립사상을 가졌다. ……

문: 피고는 독립운동을 하면 실제 조선독립이 될 줄로 생각하는가?

답: 그것은 민족자결이라고 하여 미국 대통령이 선언한 14개 조항 중에 민족자결의 원칙을 주장함으로써 노동자들도 대표자를 강화회의에 참가시키고 있는 현상이며, 또한 현재 대세는 민족평등을 지향하고 있으므로 조선 사람도 물론 힘이 없으니까 힘이 없는 자로서의 자유독립의 취급을 받을 시대가 왔다고 생각했다. 또한 지금의 세계는 백색인종의 시대라고 하나 동양에도 7,000만의 일본 사람과 조선 사람과 다수의 중국 사람이 있으니 이 인종이 장래 화합하여 가면 이 이상의 행복이 없을 것이며, 일본 정부가 우리 요구를 방해하지 말고 조력하여 독립이 되게 한다면 다행이라고 생각하며 그렇게될 줄로 믿고 있다.

문: 피고는 앞으로도 어디까지든지 조선의 국권회복운동을 할 것인가?

답: 그렇다. 될 수 있는 수단이 있다면 어디까지든지 할 것이다. 이미 말했지만 이번 독립운동은 우리 동지들만으로 한 것이지 외국 사람이나 외국에 사는 조선 사람이라든지 또는 학생 등과는 아무 관계가 없다. 일본 정부에 대하여 청원하는 일에도 외국 사람의 조력을 받을 필요는 털끝만큼도 없다.

- 법정에서 남강과 재판장의 문답 -

3·1운동 때 체포되어가는 애국지사들

이후 3·1운동은 요원의 불길처럼 번져 한반도는 "대한독립만세"의 함성과 태극기로 뒤덮었다. 비록 '민족대표'들은 직접 만세시위에 나서지 않고 '자수'했지만, 이들의 노력이 없었던들 3·1운동은 단기간에 전국적으로 확산되지 못했을 것이다. 이들은 종교인이었기에 정당한 주장이라도 폭력을 쓰는 것을 반대했지만, '민족대표'로 서명한 것은 목숨을 내놓는 결단이었다.

재판을 받으면서 남강은 시종 의연했다. 판사의 질문에 거침없이 의견을 당당히 밝혔으며, 태도와 음성은 신념과 확신으로 가득 찼다. 남강은 3·1운동은 하나님의 명령이었고, 앞으로도 기회가 주어지면 계속 독립운동을 하겠다는 의지를 주저 없이 밝혔다.

결국 남강은 경성 복심법원에서 보안법과 출판법 위반 혐의로 징역 3년을 선고받고 서대문형무소에서 옥고를 치렀다. 이미 '105인사건' 때

경험이 있는지라 옥살이는 그리 낯설지 않았지만, 50대 중반인 그에게는 분명히 힘겨운 나날이었다.

감옥 생활

남강은 옥살이를 하며 자신보다는 다른 수감자들이 고통을 받는 게 더욱 안타까웠다. 비록 이런저런 죄를 지었다고 하나 그들도 사람인데 짐승만도 못한 취급을 받는 게 너무 안쓰러웠던 것이다. 이것도 망국민이 겪어야 하는 비애라고 생각하니 가슴이 메었지만, 그렇다고 그대로 방치할 수도 없었다. 그는 석방된 뒤《동아일보》1922년 7월 25~29일자에 연재한 '감옥에 대한 나의 주문'이라는 글에서 이렇게 주장했다.

> 지금 조선의 각처 감옥에는 만명이 넘는 사람이 갇혀 있고, 내가 있던 경성감옥만 보아도 여러 해의 징역 선고를 받은 사람이 이천명이나 되고 그 중에 정치범만 해도 경성감옥에 이백명이나 되며, 각처의 감옥을 합치면 또한 수천명에 이를 것이라. 그러므로 이와 같이 많은 동포형제가 현재의 감옥제도 아래에서 낮으로 밤으로 얼마나 고통에 신음하는지 생각하면 실로 뼈가 저린 일이다. 따라서 어떻게 하든 약간이나마 그 고통을 줄일 수가 있다면 이 많은 동포에게는 실로 작지 않은 행복이 될 것이라.

이어 그는 감옥생활의 불편한 점을 말하면서 그 개선책을 내놓았다. 먼저 음식의 개선을 요구했다. 옥살이를 하면서 변변한 반찬도 없는 콩

밥을 먹는 것은 어쩔 수 없지만, 돌이 너무 많이 섞여 있어 제대로 먹을 수가 없었다. 이 문제는 죄수들이 번갈아가며 당번이 되어 체로 돌을 걸러내면 해결될 것이라고 했다. 또 병자들에게 주는 죽에 겨나 싸라기가 많이 섞여 있으니 이것을 개선해달라고 했다. 다음으로 거처 문제에 대해, 네 평 남짓 되는 감방에 16~17명이 함께 갇혀 있어 불편하기 이를 데 없으니 좀더 넓혀달라고 요청했다. 그리고 죄수들과 직접 마주하는 관리일수록 거칠게 함부로 다루니 상급관리가 하급관리를 잘 타일러달라고 요구했다.

하지만 이런 것들보다 남강의 마음을 아프게 한 것은 같은 민족끼리 서로 헐뜯고 미워하는 현실이었다. 남강은 조선인 간수가 일본인 간수보다 더 죄수들을 못살게 군다는 풍문을 듣고 그것은 오해라고 하면서도, 자기도 서대문형무소에서 같은 체험을 했기에 몹시 안타까웠다.

같은 민족끼리 고통을 주는 현실이 남강에게는 너무도 견디기 힘들었다. 뒷날 석방 당시 그가 신문기자와 나눈 대화도 바로 그 내용이었다. 《동아일보》1922년 7월 22일자 기사다.

> 다른 사람이 모두 출옥하고 나만 남아 있었는데, 나는 실로 아침저녁으로 기도하기를, 이와 같이 나오게 되지 말고 하루라도 더 있으면서 우리 형제의 마음을 위로코자 했었소. 지금 경성감옥에 있는 정치범이 수백 명인데 그 중에 종신징역이 22명이요, 그 외 3년 이상의 징역을 받은 사람이 수십 명이라. 그들을 불덩어리같이 뜨거운 속에 두고 나오는 생각을 하고 감옥 문을 나서려니 뜨거운 눈물이 앞을 가려 차마 발길이 돌아서지 않았

〈동아일보〉 기사 '감옥에 대한 나의 주문'

소." 하며 목이 메여 말끝을 마치지 못하며 눈물을 흘렸다. 잠시 후 눈물을 닦고 남강은 말을 이었다. "조선인 옥졸의 혹독한 학대는 실로 참을 수 없을 지경이라. 일전에도 이 때문에 죄수들이 할 수 없이 동맹절식同盟絕食을 한 일까지 있었소.

단순히 조선 사람이냐 일본 사람이냐가 아니라, 국적이 어디든 그가 어떤 인격을 갖춘 사람이냐가 근본적인 문제였다. 남강은 이전에도 그랬듯 계몽과 교육만이 궁극적인 대책이라 여겼고, 이 같은 생각은 석방 이후에도 달라지지 않았다.

남강에게 민족의 독립은 절대적인 지상과제였다. 하지만 그는 정치적인 독립만 꿈꾼 것이 아니었다. 조선시대 서북사람들이 받았던 차별과 양반·상놈의 구별, 일제강점기 조선 사람들이 받고 있는 박해, 같은 조선 사람끼리 주고받는 고통, 이런 것까지 모두 없어져야 한다고 생각했다. 이러한 그의 평소 생각은 감옥생활 이후 그의 신념이 되었다.

옥중생활에서 남강에게 위안이 된 것은 과거 유배생활에서도 그랬듯

남강이 복역했던 서대문 형무소

서대문 형무소 내부

기독교 신앙이었다. 그는 감옥에 들어간 후 구약성경을 10번, 신약성경을 40번이나 읽었다. 기독교에 대한 책도 거의 7만 쪽 분량을 읽었다고 한다.

계속되는 시련에도 그의 신앙심은 흔들리지 않았다. 민족을 위한 그의 열정 역시 조금도 식지 않았다. 그러하기에 그의 석방은 고통의 끝이 아니었다.

3·1운동과 오산학교

3·1운동 준비로 동분서주하던 남강은 2월 24일 오산에 와서 교장 조만식과 박기선·조형균 등 교사들을 만나 그간의 정황을 들려주며 오산에서의 만세시위를 협의했다. 처음에 남강은 조만식을 민족 대표로 참여시키려 했다가 곧 그 뜻을 접고, 오히려 그를 오산학교 교장에서 물러나게 했다. 장차 새로운 독립운동을 준비하기 위해 이번에는 조만식을 무사히 남겨놓고자 한 것이었다. 남강의 뜻에 따라 오산학교의 3·1운동은 교사 박기준과 심재덕을 중심으로 추진됐다.

3월 2일 교사 박기준과 심재덕은 오산교회에 학생과 교인들 80여 명을 모아놓고 만세운동의 필요성을 역설했다. 또한 재학생과 졸업생들에게 연락하는 한편 독립선언서와 태극기도 준비했다. 마침내 3월 31일 오산학교에서 교직원과 학생, 교인과 주민들이 모인 가운데 독립선언서가 뿌려지고 "대한독립만세"의 함성이 울려 퍼졌다. 이들의 외침은 제석산을 진동시켰다. 이어 만세시위가 벌어졌고, 고읍역까지 행진할 때는 참

불에 탄 오산학교와 조만식 교장
학생들은 위의 사진을 엽서로 제작해 배포하였다.

여자가 1,000여 명을 헤아렸다. 이에 놀란 일경은 강제로 시위를 진압하고 주모자들을 체포했다. 이에 대해서는 다음과 같은 기록이 있다.

> 3·1운동 때 전국에서 가장 큰 인명피해를 말하면 정주가 제1위를 차지한다. …… 한편 정주읍에서 30리 남쪽으로 떨어진 오산에서는 오산학교 교직원, 생도 그리고 목사 문윤국, 기독교인 농민들이 독립선언서를 뿌리고 만세시위 행렬이 고읍역까지 행진했다. 교장을 지낸 바 있는 박기선과 문윤국 목사, 김이열 선생 그리고 이위춘이 주모자로 일본 헌병에 검거되어 옥고를 치르고 오산학교 건물과 교회는 일본수비대가 불태워 버렸다.

일본 헌병들은 학교와 교회에 휘발유를 끼얹고 불을 질렀다. 기록에 따르면 불길이 밤하늘을 붉게 물들였으며, 기와가 불길에 달궈져 탕탕 튀는 소리가 사방 10리, 20리까지 들렸다고 한다. 남강과 교직원, 학생, 교인과 주민들의 꿈과 삶, 그리고 얼이 서려 있는 오산학교와 오산교회는 이렇게 허망하게 잿더미가 되었다. 지도자와 교사校舍를 잃은 오산학교는 재기가 어려울 정도로 심각한 위기에 빠졌고, 수업이 중단되어 1년여 동안 졸업생을 배출하지 못했다.

감옥에서 나와 일본을 시찰하다

사별과 출옥

1922년 2월, 남강은 감옥에서 슬픈 소식을 들었다. 부인 이경강이 세상을 떠난 것이다. 1878년에 결혼했으니 40여 년을 함께 살았지만 늘 바빠 돌아다니며 집안을 돌보지 않은 그였기에 가슴이 쓰렸다. 더욱이 남편이 제주도에 유배되고 감옥에도 두 번이나 갇혔으니 부인의 고생을 어찌 말로 다할 수 있을까. 독립운동가의 부인과 가족들의 처지가 대부분 비슷하지만, 남편을 옥에 두고 먼저 세상을 떠나는 부인의 심정도 아프기는 마찬가지였을 것이다. 이 비보는 《동아일보》 1922년 2월 4일자에 실려 있다.

조선독립선언서에 서명하고 현재 경성감옥에서 복역 중인 이승훈씨의 부

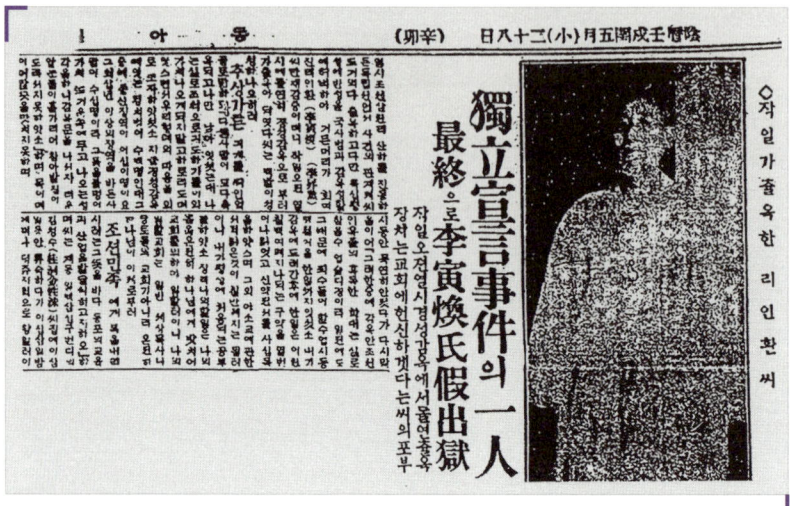

〈동아일보〉에 실린 남강의 출옥 기사

인 전주이씨가 오랫동안 신병으로 신음중이다가 아홉시쯤에 평안북도 정주군 갈산면 익성리 자택에서 세상을 떠났는데 향년이 62세라. 부인은 천성이 매우 현숙하여 이승훈씨가 최근 십여년 동안 정치범으로 혹은 철창에서 세월을 보내고, 혹은 제주도에 정배를 당하여 집안일을 돌아보지 못하는 때에 사남매의 자녀를 데리고 가사를 잘 정리했고, 이승훈씨가 학교를 위하여 자기의 소유인 논 35두락을 마지막으로 기부할 때도 일언반사의 불평이 없었다 하며, 슬하에는 사남매가 있는 중 맏아들은 정주 오산학교 교원이요, 둘째아들은 그 학교에 재학 중이며, 맏딸은 이미 출가하여 현재 러시아령 하바로프스크에 있고, 둘째딸은 평양 숭현여학교에 재학 중이라더라.

이 해 7월 21일 남강은 3년형을 치르고 '민족대표' 33인 중 맨 마지막으로 감옥 문을 나섰다. 그 모습과 남강의 소감을 《동아일보》 1922년 7월 22일자는 다음처럼 적고 있다.

일시 조선 삼천리 산하를 진동하던 독립선언서 관계자로 관계 제씨諸氏도 거의 다 출옥하고 다만 육십평생에 반생을 국사범國事犯과 감옥생활에 허비하여 검은 머리가 희어진 이승훈씨만 재감 중이더니 어제 오전 열시에 돌연히 경성감옥으로부터 가출옥이 되었다. …… "장래에 할 일은 나의 몸을 온전히 하나님께 바쳐 교회를 위하여 일할 터이니, 나의 일할 교회는 일반세상 목사나 장로들의 교회가 아니라 온전히 하나님이 이제로부터 조선민족에게 복을 내리시려는 그 뜻을 받아 동포의 교육과 산업을 발전시키고자 하오."

오산학교의 재건

출옥하자마자 남강이 외친 일성은 여전히 하나님과 교회, 조선과 민족, 교육과 산업 발전이었다. 그는 인촌 김성수의 집에서 2~3일 쉰 뒤 오산으로 내려왔다. 오산에서는 교직원과 재학생, 졸업생, 그리고 교인과 주민들이 역에 나와 남강을 반갑게 맞았다.

남강은 이들의 환대에 감사한 뒤 오산학교를 찾았다. 1915년 감옥에서 나와 지었던 학교와 교회는 불타 없어지고 대신 새로 지은 건물이 서 있었다. 만감이 교차했다. 그토록 열과 성을 다해 지은 학교와 교회가

김기홍

사라진 것은 슬프기 이를 데 없었지만, 그 잿더미 위에 다시 교사를 지으려고 헌신한 사람들의 노고를 생각하니 가슴이 벅차올랐다. 설립된 지 어언 20여 년, 이제 오산학교는 자생력을 갖춘 든든한 교육기관으로 성장해 있었다. 여기에는 1920년 다시 교장에 취임한 조만식의 노력이 컸다. 재학생과 졸업생들의 희생도 눈물겨웠다.

만세운동을 벌였다는 구실로 일제가 건물에 불을 질러 1년여 동안 폐교 상태이던 오산학교는, 신학기에 다시 개교하지 못하면 학교를 폐교시키겠다는 일제의 협박에 고민하지 않을 수 없었다. 이에 이윤영·조형균 등은 졸업생 김이열·이경근·황봉기 등과 상의하여 불에 타지 않은 기숙사를 교실로 단장하고 집집마다 찾아다니며 학생들을 불러 모았다. 또 옥중에 있는 남강의 부탁으로 김태동·박우영·백봉제·유영모·장지영·조만식·조형균·현상윤 등이 경성에서 모여 오산학교의 재건을 위한 대책을 협의했고, 경성은 현상윤, 정주는 조형균이 연락책임을 맡기로 했다.

오산학교의 재건에는 김기홍이라는 20대 청년의 공로가 컸다. 오산 인근 고덕면에 사는 김기홍은 오산학교를 다녔으나 완고한 조부의 반대로 그만두었다. 그는 오산학교 졸업생인 이윤영, 김이열과 절친한 사이로 집안이 일대에서 손꼽히는 부자였지만, 나이가 아직 어린 데다 조부가 엄격하여 오산학교의 딱한 사정을 듣고도 도와줄 형편이 못되었다.

신축한 오산학교 교사(1922년 무렵)

이를 안타까이 여긴 그는 밤중에 몰래 자기가 직접 쌀가마니를 메고 오산학교에 가져다주었다.

그는 조부 밑에 있으면 민족을 위해 큰일을 할 수 없으리라 생각하고 상해로 건너갔다. 하지만 그는 그곳에 모인 애국지사들이 사분오열되어 다투는 것을 보고 실망에 빠졌다. 그러던 중 상해의 어느 여관에서 자다가 그는 신기한 꿈을 꾸었다. 꿈속에 오산학교와 제석산이 보이고, 그 산에서 흰 옷을 입은 노인이 손짓으로 자기를 부르는 것이었다. 잠에서 깬 김기홍은, 그 노인이 바로 남강이라 생각하고 얼마 뒤 짐을 꾸려 오산으로 돌아왔다.

김기홍은 남강이 꿈속에까지 나타나 자기를 부른 것은 오산학교의 재건이 자기의 사명임을 알려주기 위함이었다고 생각했다. 그리하여 김기홍은 박기선·조형균과 졸업생 이윤영·김이열, 백인제 등과 상의하고 학교 건축에 필요한 비용을 내놓기로 했다. 하지만 그는 조부를 설득할 자신이 없어 몰래 땅문서를 꺼내 담보로 맡기고 7,000원을 마련하여 학교에 희사했다. 이 소식을 들은 졸업생과 학부모들도 모금에 동참했다.

이러한 노력이 마침내 결실을 맺어 오산학교는 1920년 9월 다시 문을 열었다. 이 때 김이열이 교장을 맡고 김중전·김택제·이경근·이택호·황봉기 등이 임시교사가 되어 월급도 받지 않고 학생들을 가르쳤다. 그리고 같은 해 조만식을 다시 교장으로 모셔왔다. 남강을 면회하러 갔던 조만식, 다시 오산학교의 교장을 맡아달라는 남강의 간청을 뿌리칠 수 없었다. 또한 거액을 희사한 김기홍이 교감을 맡았다. 그리고 마침내 11월에 새로운 건물이 완공되었다. 이 기쁜 소식을 옥중에서 들은 남강은 감격해하며 하나님의 은혜에 감사했다.

이렇게 하여 다시 수업이 재개되었고, 1921년 3월 제11회 졸업식이 새로 지은 교사에서 거행되었다. 그리고 이 같은 시련을 이겨내면서 오산학교는 더욱 강인한 근성을 갖추게 되었다. 학생들에게는 자립적이고 진취적인 기상이 몸에 배었다. 이 무렵의 모습을 《오산 백년사》는 다음과 같이 전하고 있다.

> 조만식, 유영모 교장을 중심으로 교직원과 학생이 한층 더 단결하여 오산학교는 민족주의 본산本山으로서의 면모를 갖추어 갔다. 남강이 있을 때와 다르다고 하면 그 때는 남강이 직접 키를 쥐고 학교 운영과 교육을 이

끌었지만 이제는 젊은 김기홍이 키를 쥐고 교육은 조 교장, 유 교장이 선장 격으로 이끌어 가게 된 것이다. 이 때 학생들은 오산과 같은 민족의 학교에서 배우는 것을 다시없는 영광으로 생각하고 행동했다. 학생들은 모든 일을 자치적으로 운영했다. 기숙사 생활도, 시험 치르는 것도, 동문회 회의도 자치적으로 했다. 학생들의 풍기 단속도, 기숙사의 규정도 학생들 스스로가 만들어 지키고 시험은 선생이 문제만 내고 나가면 학생들이 자기네끼리 써서 내곤 했다. 동문회 회합에서는 질서 있게 회의를 진행했고, 민주적으로 해결하여 누구나 고집을 부리는 일이 없었다. 편을 갈라 토론을 할 때도 서로 정연한 이론으로 맞섰고 결코 상대편을 헐뜯거나 말꼬리를 잡지 않았다. 동문회 안에 검사부가 있었는데 검소한 생활을 신조로 하여 비누를 쓰거나 치약을 쓰거나 비단조끼를 입는 것을 금했다. 만일 발각되면 검사부원에게 공손히 내어주고 조금도 불평을 하지 않았다. 이것이 오산학교의 참된 모습이었다.

오산으로 돌아와 이렇게 늠름하게 성장한 학교의 모습을 본 남강은 감개무량하기 이를 데 없었다. 그리고 자기가 없는 동안 오산학교를 지키고 가꿔온 모든 사람들이 너무도 고맙고 또 고마웠다. 특히 오산학교의 재건에 물심양면으로 헌신한 김기홍의 노고를 침이 마르도록 칭찬했다. 이전에도 그랬지만 오산학교는 남강만의 것이 아닌 민족의 교육기관이었다.

하지만 앞으로 가야 할 길은 멀었다. 우선 오산학교를 고등보통학교로 승격시키는 것이 당면과제였다. 그래야 졸업생들이 학력을 인정받고 사회에 진출할 수 있기 때문이었다. 이를 위해 남강은 날마다 교사와 학생들과 함께 회의와 대화를 거듭했다. 한편으로는 옥중에서 쇠약해진 몸도 제대로 돌보지 않고 틈을 내어 평안도 각지를 돌아다니며 연설을 했다. 이 해 8월에 그가 연사로 나선 강연회 중 신문에 기사화된 것들을 모으면 다음과 같다.

8월 20일 평양 장대현교회 주최 대강연회
8월 25일 안주중학 기성회 주최 교육선전강연회
8월 28일 선천유학생회 주최 강연회
8월 29일 신의주 기독청년회 주최 종교 강연회

하지만 출옥한 지 얼마 되지 않은 남강에게 이런 강행군은 무리였다. 결국 그는 쇠약해진 몸을 추스르기 위해 해운대로 내려가기로 했다. 이미 오랜 기간의 옥살이로 건강이 나빠져 숨이 차고 잠도 잘 들지 못하기 때문이었다. 그는 가족과 동행하지 않고 졸업생들과 함께 해운대로 내려갔다.

남강은 요양을 하기 위해 해운대를 찾았지만 가만히 누워만 있자니 몸이 근질근질했다. 그래서 마산·창원·진주·순천 등지에 살고 있는 졸업생들을 찾아가 반갑게 대화를 나누며 격려하곤 했다. 남강에게는 요양보다 이 같은 만남이 훨씬 더 큰 보람이자 기쁨이었다.

2주 동안 쉬었지만 건강은 별로 나아지지 않았다. 결국 병원 신세를 지게 되어 평양의 기독병원에서 치료도 받고 요양도 했다. 그 병원에는 장선경이라는 독실한 기독교인 간호부장이 있었는데, 뒷날 남강은 이 여성과 결혼한다. 그녀의 극진한 간호 덕분이었는지 남강의 건강은 조금씩 회복되었다.

일본 시찰

건강을 어느 정도 회복한 남강은 이듬해 1월 돌연히 일본 시찰에 나섰다. 일본을 이기려면 일본을 제대로 알아야 한다는 생각에서였다. 부산에서 배를 타고 오사카에 도착한 뒤 기차로 도쿄에 가기까지 남강의 눈에 비친 일본의 이미지는, 아담하고 웅대한 자연미가 없는 '인조동산' 같다는 것이었다. 하지만 손바닥만한 땅도 놀리지 않고 잘 일구어 논이나 밭을 만들었고, 도시와 산림은 우리와 비교가 되지 않을 만큼 잘 가꾸어져 있었다.

남강은 도쿄에 머물면서 동경제국대학·동경고등사범학교·경응의숙慶應義塾·성성학원成城學園·옥천학원玉川學園등 여러 학교들을 돌아보았다. 그들 중 남강의 주목을 끈 것은 성성학원과 옥천학원이었다. 이 두 학교는 일본 문부성의 규제를 받지 않는다는 점에서 오산학교와 공통점이 있었다.

남강은 요코하마·오사카·교토·후쿠오카, 그리고 몇 군데 농촌도 돌아보았는데, 각 지역의 교육시설에 큰 관심을 쏟았다. 특히 오사카와 히로시마에서는 주로 교육기관을 시찰했다. 남강은 우리와는 비교가 되지 않을 정도로 발전된 그들의 교육시설이 부러웠다. 그는 오산학교를 이들보다 높은 수준으로 발전시키겠다는 각오를 다졌다. 오사카와 히로시마에는 조선인들이 많이 살았는데, 그들의 생활 형편이나 교육 수준은 열악하기 이를 데 없었다. 그는 조국을 떠나 타국에서 고생하는 망국민의 비애를 보고 눈시울을 적셨다.

남강이 보기에 일본은 서구의 문물과 제도를 받아들이면서 서두른 흔적이 있었다. 하지만 신지식을 배우려는 열정과 물건을 아끼는 태도는 우리가 본받아야 한다고 생각했다. 우리는 지나치게 옛 방식을 지키려 하며 물건을 가볍게 여긴다고 평소 걱정하던 터였기 때문이다.

한편 유명한 민족교육운동가 남강이 일본에 왔다는 소식을 들은 유학생들은 반가운 마음으로 뜨겁게 그를 맞이했다. 1923년 1월 5일 도쿄역에 도착한 그는 오산학교 졸업생을 비롯한 수많은 유학생들의 환영을 받았고, 그가 머무는 숙소에는 날마다 학생들의 방문이 끊이지 않았다.

오산 졸업생들은 남강을 환영하기 위한 모임을 마련했다. 이 자리에는 김한규·백창호·유응하·이경학·임창문·조성룡·현상면·현인규 등이 참석했다. 남강은 이들 한 사람 한 사람과 대화를 나누며 다니는 학교와 전공을 묻고 격려했다. 학생들은 오산학교 시절의 추억을 떠올리며, 그 때 얻은 수준 높은 지식이 유학 생활에 크게 도움이 된다고 입을 모았다. 남강은 이들에게, 비록 지금은 일본이 우리보다 앞섰으나 우리도 노력하면 일본을 넘어설 수 있으며, 일본은 교만스러운 태도와 경박한 외래 풍조 때문에 오히려 어려운 고비에 서 있다고 지적했다. 그는 졸업생 하나하나의 손을 잡고, 부지런히 학문과 인격을 닦아 민족을 이끄는 좋은 인재가 되어달라고 부탁했다.

기독신문 기사

　강연회도 열렸다. 남강은 이 자리에서 민족을 위해 유학생들이 더욱 분발하고 단결할 것을 호소했다. 《기독신보》 1923년 2월 14일자에는 당시의 모습이 이렇게 나와 있다.

　금번에 교육사업과 기타 문화사업을 시찰하기 위하여 동경에 건너간 이승훈씨는 그 동안 조선청년회 총무 백남훈씨와 그 외 제씨의 안내로 각 학교 실업 장소를 시찰하던 중 지난 (1월)14일 주일 오전은 동경조선인연합교회에서 '고생한 후에 낙이 있다'는 제목으로 지금 우리 생활의 비참한 형편과 후에 오려는 생활의 광명을 들어 격렬한 설교를 했는데, 그 날 모여든 교우 400여 명이 자못 형언할 수 없는 감격을 받았다더라.

　일본 시찰은 남강에게 새로운 충전의 기회였다. 해외에 나가 보니 내

민족이 더욱 소중하게 느껴졌고, 일본에도 배울 것이 많다는 것을 깨달았다. 우리 유학생들의 자랑스러운 모습은 든든했지만, 재일동포들의 비참한 생활은 마음을 무겁게 짓눌렀다. '민족의 독립만이 살 길이다!' 남강은 다시금 각오를 다지며 귀국길에 올랐다.

상가喪家의 소성笑聲

일본 시찰에 나서기 직전 남강은 동아일보 기자와 대담을 했고, 그 내용이 《동아일보》 1923년 1월 2일자에 실렸다. 그런데 그 제목이 '상가喪家의 소성笑聲이 하何인가'였다. '초상집에서 왜 웃음소리가 나는가'라는 뜻이다. 제목 밑에는 '조선 사람에게 참 번민이 있나, 번민을 알고 번민을 하여보자'라는 부제副題가 붙었다. 망국민인 조선인들이 민족의 장래에 관심도 보이지 않고 노력도 쏟지 않는 현실을 개탄한 것이다. 그 내용을 보면 남강의 답답한 심정이 구구절절 묻어난다.

> 조선 사람에게 지금 번민이 있는지 없는지를 모르겠습니다. 조선 사람에게 참으로 번민이 있었다면 이와 같이 되지 아니하였을 것이요, 번민이 있다 하면 이렇게 적막하고 무기력하지 않았을 것입니다. 오늘날 우리 조선 사람에게 참된 번민이 있기를 바랍니다. 상갓집에서 울음이 나지 아니하고 웃음이 나서야 되겠습니까. 조선 사람은 현재 상황에서는 울 수밖에 없고 가슴이 답답할 수밖에 없습니다. …… 이를 해결하는 방법은 여러 가지가 있겠으나, 나는 예수교를 믿는 사람이라 먼저 종교로 마음부터 바

꾸어야 한다고 생각합니다. …… 지금부터라도 조선 사람이 살아나자면 먼저 각 사람이 종교를 믿어 하나님의 뜻 아래에 단결이 되어 나가야 하겠습니다. 또 만사는 사람이 하기에 달린 것이니까 '하나님이 되도록 하여 주십시오' 하는 기도만 하여서는 소용이 없으니 사람이 나서서 하나님의 뜻대로 하는 데 있습니다.…… 일분일초라도 내 집안일을 위하여 쓰려 하지 아니하고 사회를 위하여 돌아다니며, 돈 있는 사람은 돈을 내어놓고 돈 없는 사람은 몸이라도 내어놓으라 하여도 이 말에 응하는 사람이 없으니 자연 쏟아지는 것은 눈물밖에 없습니다.

감옥에서 나오자마자 잠시도 쉬지 않고 동분서주한 남강의 눈에, 우리 민족의 모습은 너무도 안이하고 나태하게 비쳤다. 울어도 시원치 않을 망국민이 웃고 있어서야 되겠는가 하는 탄식이 새어나왔다. 그는 기독교에서 그 해답을 찾으려 했다. 종교를 믿고 깨달아 변화되고 하나님의 뜻대로 애써 노력하는 것이 방법이라고 생각했다. 하지만 이 같은 그의 마음을 알아주는 사람이 적으니 답답한 노릇이었다. 그래서 그는 또 눈물을 쏟았다.

민립대학설립운동에 나서고
동아일보사 사장을 맡다

민립대학 설립운동

교육만이 민족의 활로라고 굳게 믿은 남강이 민립대학 설립운동에 뛰어든 것은 당연한 일이었다. 1922년 일제가 조선교육령에 따라 경성제국대학을 설립하려 하자 많은 애국지사들이 민족교육과 간부 양성을 목적으로 민립대학을 세우기 위한 운동을 전개했다.

1922년 11월 남강과 남궁훈·송진우·이갑성·이상재·장덕수·한용운·허헌·현상윤·홍덕유 등 각계 인사들은 민립대학 기성회준비위원회를 조직하고, 1923년 3월 '민족의 지식욕을 충족시킬 만한 대학이 하나도 없다는 것은 민족의 수치이므로 민립대학을 설립하지 않을 수 없다'는 취지에 따라 YMCA에서 발기총회를 개최했다. 다음은 취지서의 일부이다.

민립대학 기성회 준비위원회

…… 3년 이래로 각지에 향학열이 발흥되어 학교의 설립과 교육의 시설이 볼 만한 것이 많음은 실로 우리의 고귀한 자각에서 비롯된 것이다. 일체로 서로 축하할 일이나 유감인 것은 우리에게 아직도 대학이 없는 일이라. 물론 관립대학도 머지않아 개교될 터인즉 대학이 전무한 것은 아니나, 반도문운半島文運의 장래는 결코 일개의 대학으로 만족할 바 아니요, 또한 그처럼 중대한 사업을 우리 민중이 직접으로 경영하는 것은 차라리 우리의 의무라 할 수 있도다. 그러므로 우리는 이에 느낀 바 있어 감히 만천하 동포에게 향하여 민립대학의 설립을 제창하노니 형제자매는 래來하며 찬贊하며 진進하여 성成하라.

남강은 발기총회에서 중앙집행위원으로 선출되었다. 이어 열린 중앙집행위원회의에서는 위원장에 이상재, 상무위원에 강인택·고용환·유성준·유진태·이승훈·한용운·한인봉·홍성계가 선출됐다.
　남강은 안재홍·조만식 등과 함께 지방을 순회하며 강연회를 열고 민립대학의 설립 취지를 역설했다. 또 전국에 수백 개의 지회를 조직하고 모금운동도 전개했다. 또 남강은 총독부를 드나들며 실무교섭을 벌이기도 했다.
　하지만 그 과정은 순탄치 않았다. "한민족 1,000만이 한 사람 1원씩"이라는 구호를 내걸고 모금했지만 성과는 목표의 5퍼센트에도 미치지 못했다. 일경은 반일적 내용이 있다는 구실로 강연회를 금지하거나 청중을 해산시키는 등 이 운동을 탄압했다. 그리고 일제가 서둘러 1924년 경성제국대학을 설립하자 그 열기도 점차 식어갔다.
　문맹자가 대다수인 조선의 당시 현실에서 고등교육기관인 대학의 설립이 과연 대중에게 얼마나 절실하게 느껴졌을지도 의문이다. 당시 언론에서 지적했듯, "아마 극도의 빈궁이 우리를 그러한 악덕에 빠지게 한 것이려니와, 우리는 금전욕을 희생하면서까지 지식욕을 충족할 만한 성의가 없다"는 것이 맞을 듯하다. 민립대학 설립운동은 취지가 훌륭함에도 대중의 호응을 얻지 못하고 지식층의 운동에 그치고 말았다. 《동아일보》1926년 1월 13일자도 "민도民度와 국정國情을 살피지 않고 이것저것 벌여만 놓는 일꾼들"이라며 이 운동의 한계를 날카롭게 꼬집고 있다.
　아무튼 남강을 비롯한 민족지도자들은 이 운동의 좌절로 실의에 빠졌다. 어느 날 조선교육회관 내에 있는 사무실에 남강과 이상재, 유진태가 모였다. 남강은 이상재를 물끄러미 바라보며 "보기 싫으니 그놈의 간판을 떼어 버립시다"라고 했다. 이에 이상재는 "간판이라도 두고 봅시다"라고 했다. 이후 사무실에는 무거운 침묵이 흘렀다. 이때 남강은 새로운 구상을 머릿속에 그렸다. 그것은 오산에 농과대학을 설립하려는 계획이었다.

동아일보 사장으로 취임한 남강

동아일보사 사장

1924년 5월 남강은 동아일보사의 제4대 사장에 취임했다. 그런데 당시는 동아일보사의 시련기였다. 1924년 1월 이광수가 쓴 '민족적 경륜'이라는 사설이 시련의 빌미가 되었다. 사설은 "지금까지 해온 정치적 운동은 모두 일본을 적대시하는 운동뿐"이라며 "일제 치하라는 조선 땅에서 조직적이고 지속적으로 저항하려면 일제 통치의 틀 안에서 합법적인 정치운동이라는 방법을 취하지 않을 수 없다"고 촉구하는 내용이었다. 이미 《개벽》 1922년 5월호에 '민족개조론'을 발표했다가 곤욕을 치른 이광수의 이 글로 말미암아 《동아일보》까지 함께 비난을 받았다.

이에 앞서 1923년 12월 동아일보사의 김성수·송진우·최원순은 천도교계의 이종린·최린, 기독교계의 남강, 법조계의 박승빈, 조선일보사의 신석우·안재홍, 평양의 조만식·김동원, 대구의 서상일 등을 모아 연정회硏政會라는 조직을 만들었다. 이 단체는 간디의 비타협·불복종 운동을 본뜬 합법적 민족운동을 염두에 둔 것이었다. 이 때문에 연정회 회원들과 《동아일보》 역시 일제의 정책에 순응하자는 것이 아니냐는 의심을 샀다.

게다가 박춘금이라는 폭력배가 총독부의 비호를 받으며 동아일보사의 간부진을 폭행·협박한 이른바 '식도원食道園사건'이 일어났다. 이 때 사장 송진우가 굴욕적인 태도를 보였다고 하여 편집국장 이상협이 사표를 제출했고 이어 그를 따르는 많은 기자와 직원들도 행동을 같이했다. 사장 송진우가 사퇴했지만 사태는 진정되지 않았고 동아일보사는 내홍에 휩싸였다. 동아일보사는 이를 수습하기 위해 임원진을 새로 선임했으며, 남강이 사장에 취임했다.

하지만 사태는 진정되지 않았다. 불만을 품은 기자와 직원들이 새로운 임원진도 신뢰하지 않았기 때문이다. 남강은 답답했다. 학생들만 가르쳐온 그에게 노사 갈등을 중재하는 일은 쉽지 않았다. 그는 《시대일보》 1924년 5월 16일자에 이렇게 심경을 밝혔다.

나는 뜻하지 않게 졸지에 당한 일일 뿐 아니라 책임의 무거움을 느끼게 되는 고로 도무지 두서를 잡을 수가 없습니다. 그러나 내가 사장이 된 이상에는 아무쪼록 나의 책임대로 진력하여 장차 훌륭한 언론기관을 만들어 우리의 행복을 누리도록 하여 보려 합니다. 그리고 들어와 본 즉, 편집국원도 여러 분이 사직 중이라 하며 또 공장에서도 공장장 이하가 전부 사직 중인 모양이나 이것은 다시 각각 교섭을 하여 모두 유임하도록 해보아서 여러분이 나의 말을 저버리지 아니한다면 다행이지만, 만일 끝까지 거절한다면 그 때는 무슨 변통을 하는 수밖에 없으리라 생각합니다.

남강의 노력에도 불구하고 사표를 낸 기자와 직원들은 결국 다른 언론사로 갔다. 이 해 10월 남강은 사장에서 고문으로 직함을 바꿨다. 자의든 타의든 퇴진한 것이다. 남강이 사장으로 있으면서 얼마나 수완을 발휘했는지는 잘 알지 못하나, 그의 제자인 김기석은 《남강 이승훈》에 이렇게 적고 있다.

남강은 그의 고고한 지조와 민중에 대한 신망으로 동아일보를 이끌어 나갔다. 그 때는 동아일보 사옥이 화동에 있었는데 남강은 사장실에서 밤을 밝혀가면서 간부들과 더불어 사세를 떨칠 의논을 하였다. 남강은 신문사의 일과 재단은 김성수, 편집은 설의식에게 맡기고 사회의 전면에 나서서 민립대학 기성회와 물산장려운동을 통한 민족의 국내 투쟁을 지도하였다. …… 남강은 동아일보 사장으로 있으면서 오산학교와 동아일보의 유대를 한층 더 굳게 하였다. …… 이 같은 내외의 격동 속에서 남강은 민족주의 신문을 용하게 이끌어 그 기울어진 형세를 다시 돌려 이것을 튼튼한 기반 위에 놓았다.

오산학교를 고등보통학교로 승격시키다

재단법인 설립

1907년 세워진 오산학교는 1909년 중등학교 인가를 받았으나, 1922년 조선교육령이 공포되면서 기로에 서게 되었다. 이 때 발표된 고등보통학교 규정에 따르면, 오산학교도 중등학교로 인정받기 위해서는 다시 절차를 밟아 고등보통학교 인가를 받아야 했다.

당시 일본인 자녀들이 다니는 초등학교는 심상尋常소학교, 중등학교는 공립중학교라 했으며, 조선인 자제들이 다니는 초등학교는 보통학교, 중등학교는 고등보통학교라고 했다. 그리고 조선인이 세운 사립 중등학교는 고등보통학교가 아니면 잡종雜種학교라 하여 중등학교 자격을 주지 않았다. 따라서 졸업생들을 상급학교로 진학시키거나 교원으로 취업시키려면 고등보통학교로의 전환이 필요했다. 자칫하면 오산학교의 졸업생들을 교사로 양성하여 전국에서 민족교육을 시키려던 남강의 민족운동 방략도 차질을 빚을 우려가 있었다.

고등보통학교 인가를 받기 위한 절차는 매우 까다로웠다. 상당한 기부금을 모아 재단법인을 설립해야 하고, 일제 당국과 협의도 거쳐야 했다. 또 고보로 승격이 되더라도 사사건건 당국의 간섭을 받게 되기 때문에 이전과 같은 민족교육을 실시하는 데도 애로가 있을 것이 뻔했다. 일제는 바로 이러한 점들을 노려 조선교육령을 제정한 것이었다.

오산학교를 잡종학교로 유지할 것인가, 중등학교로 전환할 것인가를 놓고 고민하던 남강은 결국 후자를 선택했다. 자격을 갖춘 졸업생들이 사회에 진출하여 민족의 독립을 위해 일하게 하기 위해서는 어쩔 수 없었다.

남강은 중등학교 인가를 받기 위해 도청과 경찰서 등 관청을 자주 드나들어야 했다. 이 때문에 그가 변절했다는 소문이 나돌기도 했다. 하지만 그는 크게 개의치 않았다. 학교와 학생들, 그리고 민족의 장래를 위해서라면 어느 정도의 비난은 감수할 수 있었다.

재단법인 설립을 위해서는 기부금 모집이 필요했는데, 이 역시 도청의 허가를 받아야 했다. 남강은 평안북도 지사 이쿠다生田를 찾아갔다. 하지만 이쿠다의 첫 반응은 싸늘했다. 오산학교처럼 배일적인 학교에는 기부금 모집을 허락해 줄 수 없다는 것이었다.

그러자 남강은, 당신은 조선인이 아닌 일본인만을 위한 도지사냐고 따지며, 자기는 참된 조선인을 만들기 위해 온갖 고난을 무릅쓰고 오산학교를 지켜왔다고 했다. 이어 서양의 세력이 동양으로 몰려오는 이 때

조선인이 조선인 구실을 못하면 일본은 장차 누구와 더불어 이 침략을 물리칠 것이냐고 도지사를 설득해 나갔다.

재단법인 설립을 막을 만한 명분도 마땅치 않은 데다, 이 기회에 남강과 오산학교의 민족의식을 약화시킬 수 있겠다 싶어 결국 도지사는 기부금 모집을 허락했다.

문제는 이제부터였다. 30만 원에 이르는 거금을 마련해야 했기 때문이다. 남강은 발이 부르트도록 각지를 돌아다니며 유지들을 만나 애타게 호소했다. 하지만 누구나 먹고살기 힘들었던 시절에 이 같은 거금을 모으는 것은 결코 쉽지 않았다. 그래도 남강은 낙담하지 않고 동분서주했다.

다행히 남강의 노력이 헛되지 않아 김기홍·조시연·승계련이 출자를 약속했고, 선천의 오치은, 박천의 이경린, 신의주의 한정규 등이 거금을 희사했다. 일본 동경의 유학생 30명도 성금을 보내왔고, 정주 유림들도 토지를 기부하는 등 기부금 모집은 점차 성과를 보였다.

눈물겨운 미담도 이어졌다. 남강이 기부금을 모으려고 선천 오치은의 집에 머물고 있을 때였다. 하루는 전봉현이라는 85세의 노인이 찾아와, "당신이 이 민족을 대신하여 옥고를 치르고 다시 폐허가 된 오산을 재건하려 하니 그 이상을 참으로 존경하여 마지않소. 하나님께서 당신에게 주신 사명인가 봅니다. 비록 내 조그마한 정성이나마 도와드리고자 하오" 하면서 평생 모은 재산인 1만 6,000원 상당의 기와집과 토지를 내놓았다. 강계의 어느 청년은, 사업에 실패해서 큰 손해를 입었는데도 오산학교를 위해 재산을 내놓았다. 남강의 인품과 열정을 믿었기 때문이다.

오산학교의 전경(1925년 무렵)

어느 날 남강은 박천에 갈밭 3,000정보가 있다는 소식을 들었다. 이 갈밭을 개간하여 농사를 지으면 학교 운영에 필요한 경비를 댈 수 있겠다고 생각한 남강은 평북도지사와 조선총독을 여러 번 만나 협상을 벌였다. 배일운동의 거두 남강이 총독을 만난다는 것 자체가 예사로운 일이 아니었지만 이것저것을 따질 상황이 아니었다. 마침내 총독은 오산학교에 갈밭 개간권을 주었다. 남강이 장차 농과대학을 세워 식량을 증산할 예정이라고 설득했기 때문이다.

그런데 개간권을 얻기는 했지만 마침 농번기여서 일손이 턱없이 부족했다. 이 소식을 듣고 인근의 농민 몇 명이 남강을 찾아와 이승훈이 세운 오산학교를 위한 일인데, 자신들이 하겠노라고 발벗고 나섰다.

이 상황을 《조선일보》 1923년 11월 7일자는 이렇게 전하고 있다.

오산학교의 신서광新瑞光

평안북도 정주에 있는 오산학교로 말하면 평안도는 물론 조선 안에서 모르는 사람이 없을 만치 역사도 오래고 조선의 유망한 청년도 많이 양성하여준 학교라. 그러므로 평안도에 발길을 들여놓는 이는 누구나 오산학교를 보고자 하며 동경하는 터인데, 그 학교를 위하여 처음부터 지금까지 전 정신과 전 노력을 다하는 이승훈씨는 작년부터 그 학교를 재단법인으로 만들고자 여러 방면으로 운동 중이던 바 이제는 상당한 금액이 집합되었으며, 겸하여 정주군 일반 사림士林의 소유와 오산학교 부근에 있는 면동유재산面洞有財産 2,000석 추수에 해당한 토지를 출산할 것을 수합하려고 방금 증서를 수집하여 재단 수속을 하는 중이므로 그 학교 학생은 물론이요, 그 외에 일반사회에서도 반가워함을 말지 아니하는 중이라는데 금번에 재단법인의 설립을 위하여 정신과 물질을 다하여 노력하는 인사의 방명은 아래와 같다더라.

오희원·오치은·오필은·한정규·이경린·김기홍·김홍기·이승준·조시연·조호연·승계련·김수철·이학수

이 같은 과정을 거쳐 남강 등 120명은 25만 원을 모아 1925년 평북 정주군 갈산면 익산동에 재단법인을 설립했다. 이사는 남강을 비롯하여 김기홍·오치은·오희은·이학수·조시연·전봉현·한일현 등 9명이었으

며, 30명으로 평의회도 조직했다. 그리고 남강은 이사장에 취임했다. 이로써 오산학교의 고등보통학교 승격을 위한 기반이 다져졌다.

오산고등보통학교 승격

남강은 1925년 1월 학교법인 등기를 신의주지방법원 정주지청에 제출했고, 3월에는 고등보통학교로의 승격을 신청했다. 그리고 이 해 11월 승격 인가를 받아 1926년 2월에 오산고보로 개교했다. 아울러 오산소학교도 오산보통학교로 인가받았다. 다음은 《조선일보》 1926년 6월 21일 자의 기사이다.

> 3·1운동이 일어나자 그 운동의 선두옹先頭翁 이승훈씨의 일로써 동교는 무지한 관헌의 손에 재가 되어 버렸고 선두와 지도자가 없어진 동교는 양떼와 같은 생도들을 전부 잃었었다. 불탄 터전에 쑥풀이 우거질 때 뉘라서 오산학교의 오늘을 예상했으랴마는 뜻있는 곳에 만물은 출현되나니 동교와는 하등의 연분조차 생각지 못하든 김기홍씨의 출자로 동교는 그 이듬해 11월에 신축하고 다시금 흩어진 양떼와 같은 생도들을 모으며 교사를 증축하는 한편, 이승훈씨가 출옥한 후 재단법인 성립에 노력하여 금년 1월 23일에 드디어 동교는 오산고등보통학교의 승격을 보게 되었다.

오산고보의 승격 축하식에는 이쿠다生田 평안북도 지사도 참석했다. 이유야 어쨌든 고보로 승격한 데는 그의 도움이 적지 않았다. 하지만 일본 관리와 나란히 앉아 있는 남강의 모습은 어색한 것이었다. 이런저런 비난이 그의 뒤를 따라다녔지만 그는 구구히 변명하지 않고 "이 늙은이가 뭐 대단하다고 그래"라는 한 마디 말을 던졌다.

하지만 그도 사람인데 왜 억울하고 답답한 마음이 없었을까. 그는 자신의 진심은 달라진 게 없다고 사람들에게 알리고 싶었을 것이다. 민족의 교육을 통한 독립의 희망을 여전히 갖고 있노라고 말하고 싶었을 것이다. 오산고보의 승격에 즈음하여 밝힌 심경에서도 이를 짐작할 수 있다.

> 내가 학교를 경영하거나 그 외 사회의 모든 일을 할 때나 신조로 삼고 나가는 것은, 첫째는 '민족을 본위로 하라'는 것, 둘째는 '죽기까지 심력心力을 경주傾注하라'는 것입니다. 나는 이것으로 어떠한 곤란과 핍박 또는 위험이 앞에 있더라도 싸워서 이기고 위안을 받습니다.

아무튼 우여곡절 끝에 오산학교는 고보로 승격되었으며, 이는 이후 오산고보에서 수많은 인재가 배출되어 이들이 각계에서 눈부신 활약을 벌일 수 있는 토대가 되었다. 외형상의 승격뿐 아니라 내실을 다지는 데도 조만식 교장은 심혈을 기울였다. 승격된 해인 1926년 조만식은 교우회를 조직하고 수시로 체육회·토론회·강연회 등을 열어 학생들에게 활기를 불어넣었다. 그는 새로운 교훈을 만들어 학생들을 동량으로 키워나갔다.

오산고보의 학사일정

1926년

 4월 8일(목) 입학식 및 시업식 4월 10일(토) 직원회의

 4월 24일(토) 신입생 환영회 5월 15일(토) 창립기념일 휴업

 6월 5일(토) 소풍 6월 18일(금) 육상대운동회

 7월 13일(수) 1학기 수업 종강 7월 14일(목) 학기말시험 시작

 7월 17일(토) 학기말시험 종료 7월 20일(화) 종업식 및 성적표 배부

 9월 1일(수) 2학기 수업 시작 9월 24일(금) 추계 황령제皇靈祭휴업

 9월 하순 수학여행 10월 1일(금) 동복 착용

 10월 하순 축구대회 10월 17일(일) 신상제神嘗制휴업

 10월 31일(일) 천장절天長節휴업 11월 23일(화) 신상제新嘗制휴업

 12월 18일(토) 2학기 수업 종강 12월 20일(월) 2학기 시험 시작

 12월 23일(목) 2학기 시험 종료 12월 24일(금) 직원회의 및 성적평가

 12월 25일(토) 종업식

1927년

 1월 1일(금) 신년 배하식拜賀式 1월 8일(금) 시업식 및 3학기 수업 시작

 1월 16일(목) 빙상대회 2월 11일(목) 기원절紀元節배하식

 3월 2일(화) 4학년 3학기 수업 종강 3월 3일(수) 4학년 시험 시작

 3월 6일(토) 4학년 시험 종료 3월 16일(화) 1·2·3학년 시험 시작

 3월 20일(토) 1·2·3학년 시험 종료 3월 22일(월) 성적표 배부

 3월 24일(수) 학적부 기입 및 테니스대회

 3월 25일(목) 졸업증서 수여식 3월 중 입학시험

일제는 오산학교의 재단법인 설립과 고등보통학교 승격을 굳이 방해하지 않았다. 관리들이 현지에 와서 조사할 때도 이만하면 손색이 없다며 칭찬하기도 했다. 하지만 그들의 속셈은 따로 있었다. 오산학교를 제도권에 편입시켜 간섭을 강화하려는 것이었다. 아니나 다를까 그들은 조만식 교장의 퇴진을 요구해 왔다.

남강의 간청을 받고 1925년 다시 오산학교의 교장으로 부임했던 조만식은, 일제의 저의를 간파하고 있으면서도 굳이 고보로의 승격을 반대하지 않았다. 조만식도 학교에 누가 될까봐 자진해서 교장직을 내놓으려 했지만, 남강은 말리며 관청과의 업무는 자신이 맡아서 할 테니 교육에만 신경을 써달라고 부탁했다. 하지만 조만식은 승격 첫 해인 1926년 8월 오산학교를 떠나야 했다.

이 소식을 들은 학생들은 격분하여, 만약 조만식이 사임하면 수업을 거부하겠다고 맞서며 당국과 갈등을 빚었다. 오산고보로의 승격 뒤에는 이 같은 값비싼 희생이 있었다. 비록 조만식을 떠나보냈지만, 오산고보는 교사와 기숙사를 신축하고 체제를 정비하는 등 새로운 비상의 날개를 펴기 시작했다.

재혼

1922년 남강은 옥문을 나와서도 눈코 뜰 새 없이 바쁜 하루하루를 보냈지만, 집에 돌아오면 허전한 마음을 달래기 힘들었다. 평생의 반려자일 줄 알았던 부인이 그가 옥중에 있던 1922년 세상을 떠났기 때문이다.

그러던 그는 건강이 악화되어 평양의 기독병원에 입원했을 때 간호사 장선경을 알게 되었다. 평소 그녀를 눈여겨보던 남강은 스무살의 나이 차이에도 먼저 청혼을 했다. 청혼을 받은 장선경은 오랫동안 고민하다가 마침내 남강과 일생을 함께 하기로 결심했다. 그리하여 두 사람은 1926년 6월 15일 김동원의 집에서 길선주 목사의 주례로 결혼식을 올렸다. 신랑은 61세, 신부는 41세였다. 이 소식은 세간의 화제가 되었고, 신문에 '노신랑老新郎에 노신부老新婦'란 표현의 기사도 실렸다.

그런데 신부는 오산에 온 첫날부터 놀라지 않을 수 없었다. 평소 남강의 성품을 알고 있던 터라 어느 정도 각오는 했지만, 생각했던 것보다 훨씬 힘든 고생길이 열려 있었기 때문이다. 뒷날 그녀는《신동아》1932년 3월호에서 이렇게 회고했다.

결혼식을 하고 오산으로 와서 정말 놀랐습니다. 선생의 집은 검소하기 짝이 없어 나는 놀랄 뿐이었죠. 잡수시는 음식도 정말 상상 밖이었습니다. 남들은 남강 선생 같은 분은 고량진미를 잡수려니 생각하실 겁니다. 하지만 정반대입니다. 나는 하도 어이가 없어 벙어리 냉가슴 앓듯 했답니다. 그런데 하루는 선생께서 "무명옷과 조밥을 먹어야 한다"는 엄명을 내렸습니다. 그때야말로 기가 막혔습니다. 그래서 나는 밥상을 받을 때마다 눈에서 눈물이 핑 도는 동시에 선생을 원망했습니다.

예상치 못한 '시집살이'에 힘든 나날의 연속이었다. 그러던 어느 날 남강이 빙그레 웃으며 이렇게 위로의 말을 건넸다.

조선 사람은 다 그런 밥을 먹는답니다. 그러나 먹지 못할 것을 억지로 먹으라는 것은 아니고 다만 그런 굳은 마음을 잃지 말라는 뜻입니다.

평소 따뜻한 말 한 마디 해준 적 없고 옷 한 벌 사다준 적 없는 무심한 남편의 이 말에 그녀는 눈물이 핑 돌았다. "생활고와 현실성을 모르는 여성은 한 가정의 주부가 될 자격이 없다"는 남강의 뜻을 비로소 깨달은 것이다. 그녀는 이 고생길을 숙명으로 받아들이기로 했다. 물론 그것은 남편에 대한 깊은 존경심이 없었다면 불가능한 일이었다.

사회주의계열의 도전과
시련에 부딪히다

사회주의자들의 도전

1920년대에는 사회주의가 국내에 소개되어 청년·학생들에게 큰 영향을 주었다. 조선인의 대다수가 빈곤에 시달리는 소작농이나 노동자였기 때문에, 무산계급無産階級의 해방을 내세우는 사회주의에는 매력적인 요소가 있었다. 또 사회주의 사회를 건설하기 위해서는 일제를 타도해야 하므로 독립운동의 한 방편으로 사회주의를 수용하는 이들도 적지 않았다. 특히 시대적 조류에 민감한 청년·학생들 사이에서 사회주의는 열병처럼 번졌고, 1925년 조선공산당의 창립을 계기로 전국에서 크고 작은 사회주의계열 단체들이 조직되었다.

오산학교도 사회주의의 영향에서 비켜 있지 않았다. 우선 그 사상을 가진 청년·학생들이 남강을 찾아와 이런저런 대화를 나눴다. 이들은 민족주의계열의 거두인 남강에게 그다지 호감을 갖지 않았다. 이들은 남강이 자신들과 동조하지 않을 것이라면 차라리 일선에서 은퇴하기를 바라고 있었다.

하루는 곽산에서 사회주의자인 박균이 남강을 찾아왔다. 그는 일본의 현황과 세계의 정세를 설명하고 조선의 독립을 위해서는 일본 공산당과 손을 잡아야 한다며 남강을 설득하려 했다. 하지만 남강의 반응은 다음과 같았다.

> 일본은 일찍부터 조선을 도와 조선의 독립을 보전케 한다고 했었지. 그런데 조선의 독립은 우리 힘으로 이뤄야지 남의 도움을 받을 것이 못된다네. … 일본 공산당이 우리를 도와준다는 건 좋은 일이야. 그런데 저들이 우리를 돕는 길은 저들의 군벌을 거꾸러뜨리는 일이지. 공산당이 하는 일은, 내가 알기로는 남을 돕는 데 있는 게 아니라 자기들의 세력을 펴는 데 있어. 또 우리가 남과 함께 일을 하려면 저들과 맞설 수 있는 힘이 있어야 한다네. 나는 조선인 공산주의자들의 힘을 모르거니와 섣불리 저들과 손을 잡으려다가 또 하나의 일진회가 될까 두렵네.

남강은 조선의 독립은 조선인의 힘으로 이루어야 한다고 믿고 있었다. 그리고 근본적으로 사회주의자들의 진의를 의심했다. 어쩌면 그가 독실한 기독교인이기에, 무신론과 유물론을 주장하는 사회주의자들과 손잡을 수 없었는지도 모른다.

정주 출신 동경 유학생들의 단체인 정원학생회定遠學生會 대표들도 남강을 찾아와, 이제 민족주의는 낡은 사상이니 3·1운동 때 민족 대표들도 일선에서 물러나야 한다며 노골적으로 남강의 퇴진을 요구했다. 동경에서 무정부주의자들이 찾아와 설전을 벌이기도 했다. 하지만 서로의 입장 차이만 확인했을 뿐이었다. 남강은 이들과 제휴할 생각도 은퇴할 의사도 없었다.

이른바 민족주의계열과 사회주의계열의 좌우 합작단체인 신간회新幹會활동에 대해서도 남강은 소극적이었다. 같은 민족주의계열 중에서도 그는 좀더 보수적인 우파右派의 성향을 보였다. 이 점에서 그는 조만식과 다른 면모를 보였다.

1924년 전국에 극심한 가뭄이 들자 9월에 조선기근구제회가 창립되었다. 이때 남강은 집행위원장으로 추대되었으나 며칠 지나지 않아 사임한다. 아마도 구제회의 중심인물들이 대부분 사회주의계열이었기 때문으로 짐작된다. 또 뒷날 그의 장례식을 사회장으로 치르기로 하자 사회주의 진영에서 이를 반대하고 나선 점도 남강과 사회주의계열의 불편한 관계를 단적으로 보여준다.

오산고보의 동맹휴학

사회주의의 여파는 오산고보에도 밀어닥쳤다. 그 형태는 바로 동맹휴학이었다. 물론 동맹휴학은 사회주의계열의 전유물이 아니었다. 하지만 맹휴를 주도한 학생들의 상당수는 흔히 '독서회'라 불리는 이념 서클의 회원이었다. 그들은 식민교육을 거부하는 한 방편으로 동맹휴학을 선택했다.

오산고보에 이 같은 조짐이 보인 것은 1926년부터였다. 이 해에 조만식이 교장직을 사퇴하자 평소 그를 존경하던 학생들은 불만을 품었다. 이런 상황에서 교무주임마저 사임하고 대신 남강의 사위가 그 자리에 부임하자 학생들은 이를 반대하는 진정서를 이사회에 제출했다. 비록 동맹휴학으로까지 번지지는 않았지만, 학교 측과 학생들이 마찰을 빚은 사례로서 주목할 만하다.

1927년은 오산학교 창립 20주년의 경사를 맞는 해였다. 하지만 이 해 오산고보는 동맹휴학으로 얼룩졌다. 60여 명의 학생들이 다시 교무주임 문제로 진정서를 제출하려 하자 학교 측은 주모자급 학생 20여 명을 제적시켰고 서둘러 방학을 했다. 하지만 여름방학 중에도 학생들이 격문을 만들어 돌리고 동맹휴학을 선동하자 다시 5명을 퇴학시켰다. 그러자 학생들은 시험을 거부하고 (1) 교장을 빨리 초빙할 것, (2) 수학 선생을 교체할 것, (3) 퇴학생을 전부 복교시킬 것 등의 조건을 내걸며 학교 측과 대치했다. 결국 학부모와 사회단체가 나서 퇴학생들을 복학시키기로 하여 수습이 되었지만 양측 모두 작지 않은 상처를 입었다. 20년 전통의 오산학교 역사에서 유례가 없는 일이었다.

사실 동맹휴학은 이전의 오산학교 분위기로 보면 상상하기조차 어려운 것이다. 교사와 학생들은 서로가 믿고 따르며 부모·형제나 다름없이 지냈기 때문이다. 하지만 시대적 조류는 많은 것을 변화시켰다. 오산고보도 더 이상 무풍지대가 아니었다.

이런 혼란기에 남강은 어떤 생각을 갖고 있었을까. 이에 대한 자료는 별로 알려진 것이 없으며, 《오산 백년사》에 다음과 같이 나오는 정도이다.

다른 사람들이 나를 만나면 맹휴사건으로 머리가 아프겠다고 위로를 하는데 나는 이번 맹휴사건이 일어난 것을 오히려 다행이라 생각합니다. 학교 측에 잘못이 있든 학생 측에 잘못이 있든 이 나라 교육계를 위해 좋지 못한 점이 있으면 드러내야 합니다. 금년 3월 이래 조선 전국에서 맹휴사건이 70여 건이라 하니 이래가지고서야 어떻게 교육을 하겠소? 학생만 잘못이라는 게 아니오. 선생 중에도 잘못이 있으면 그것을 전부 사회에 드러내어 내일이라도 처리를 하여야 할 것이오. 사회에 별별 흑막이 다 있으니 좀 철저히 조사를 하시오. 전부 드러날 것입니다. 처음에는 제명처분한 학생을 불러오라고 말했는데, 오늘 그 학생들이 하는 행동을 보니 참 기가 막힙니다. 가르쳐도 소용이 없는 학생들에게 애써 가르친 것이 오산학교의 잘못이라면 잘못이오.

큰 잘못을 저지른 학생이라도 퇴학만은 시키지 않으려 했던 과거 남강과는 달라진 모습이다. 아마도 그는 학생들의 집단행동에 큰 충격을 받은 듯하다. 교육만이 민족의 활로라고 굳게 믿었던 남강은, 수업을 거부하면서까지 목적을 이루겠다는 학생들의 태도를 이해하기 힘들었을 것이다.

1928년에도 동맹휴학은 이어졌다. 학생들의 요구 조건은 교무주임을 바꿔줄 것과 조선어와 조선문법을 정식 과목으로 넣어달라는 것이었다. 이번에도 학부모들의 중재로 겨우 사태가 수습되었다. 1929년에는 3·1운동 10주년을 기념하여 학생들이 동맹휴학을 단행했다. 3·1운동을 기념하는 것은 좋은 일이지만, 과연 수업까지 거부하며 그래야 하는 것인가 남강은 혼란스러웠다. 등교와 수업은 학생들의 권리이자 의무인데, 그것들을 볼모로 해서 요구를 관철시키려는 태도는 쉽게 이해되지 않았다.

오산고보의 학생독립운동

1929년 광주에서 일어난 학생독립운동은 3·1운동 이후 최대의 항일시위투쟁이었다. 해를 넘겨 1930년에 들어와 전국 각지의 학교에서 요원의 불길처럼 타오른 이 운동은 한동안 침체되어 있던 민족운동계에 활력을 불어넣었다.

오산고보의 만세시위는 1월 18일 일어났다. 중심인물은 선우기성·신기복·임창원 등이었다. 이들은 학교에서 격문을 뿌린 뒤 400~500여 명의 학생들과 함께 고읍역까지 항일시위에 나섰고, 이어 정주역까지 만세를 부르며 진출했다. 이 과정에서 이들을 해산시키려는 일경과 충돌이 일어 많은 학생들이 다치거나 붙잡혔다.

이 때 남강은 고민에 빠졌다. 물론 학생들이 민족정기를 잃지 않고 항일시위에 나선 것은 반가운 일이었지만, 혹시 이 과정에서 학교와 학생들이 피해를 입지 않을까 하는 걱정도 들었다. 학생들의 우국충정을 누구보다 잘 이해하면서도 사태가 악화되지 않도록 해야 할 책임이 그에게 있었던 것이다. 이 같은 그의 모습을 《정주군지》에서는 아래와 같이 그리고 있다.

하얀 눈길을 따라 500여 건아가 정주를 향하여 달려가는 광경을 오산학교 뒷산에서 바라보며 속으로 쾌재를 부르는 노인이 있었다. 바로 그 분은 남강 이승훈 선생이었다. 선생이 학생들의 뒤를 따르기 위하여 산을 내려오려 할 때 선생을 모시던 분이 "척설(尺雪)이 쌓인 눈길을 어떻게 가실 수 있습니까?" 하며 만류하였으나 3·1운동 이후 최대의 민족시위운동을 그냥 보고만 있을 선생이 아니었다. "우리 학생들이 저렇게 고생을 하는데 내가 어떻게 보고만 있단 말이오. …… 학생들이 실수가 없어야 할 텐데." 선생은 착잡한 심정과 흥분을 억제하면서 산에서 내려와 정주로 발걸음을 재촉한다.

……일제의 압박에 항거하여 분노를 참을 수 없어 일어난 학생들의 시위를 제지하자니 선생으로서는 체면이 서지 않는 일이고, 경찰의 조건을 무시한다면 교문을 닫게 될 일이 걱정이다. 독립을 찾기 위하여 한 자라도 더 배워서 더 큰 힘을 길러야 한다는 결론을 내리고 경찰의 조건을 들어주기로 결심하고 학생들에게 귀교하도록 설득했다. 선생의 말씀이 떨어지자 학생들은 하는 수 없이 흥분을 가라앉히고 다음의 지시를 기다려야만 했다.

시민이 선생에게 식사를 권해 왔으나 "학생들이 먹지를 못하고 있는데 나만 먹을 수 있나요? 내 걱정은 마시고 학생들이 배가 고플 테니 밥 준비를 좀 하여주시오" 하자 시민들은 시내 여러 냉면집을 동원하여 국수를 만들기로 하였다. 얼마 후 선생들의 인솔로 귀곳길에 올라 달천교를 넘을 때 시민들이 보내온 사과로 요기를 하며, 일제의 강압에서 벗어날 수 있는 내일을 위하여 힘을 길러야 하기에 배움의 전당으로 돌아와야만 했다.

남강은 일경과 학생들 사이에서 중재를 맡았다. 시위에 참여한 학생들에게는 1주일 정학 처분을 내리고 졸업을 앞둔 5학년 학생들만 등교시켰다. 또 구속된 37명의 학생들을 석방시키기 위해 백방으로 뛰어다녔다.

그 결과 대부분 학생들은 다시 학교로 돌아올 수 있었지만, 실형을 선고받은 선우기성·신기복·임창원 등은 끝내 제적되고 말았다. 민족의 독립을 위해 애쓴 학생들을 졸업시키지 못한 남강의 가슴은 메어지는 듯했지만, 그의 힘으로도 어쩔 수 없는 일이었다. 이들은 제적 후 55년이 지난 1985년에 명예졸업장을 받았다.

'성서'와 '조선', 무교회주의자들과 만나다

기독신우회

남강에게 기독교 신앙은 생명과도 같이 소중했다. 몇 차례의 유배와 투옥을 경험하면서 그의 신앙은 더욱 굳어졌다. 교회의 장로가 되면서 그는 기독교계의 지도자로서도 두각을 나타냈다. 또 1923년 2월에는 대규모 전도대를 조직하기 위해 애쓸 정도로 신앙이 뜨거웠다.

그런데 시일이 지나면서 남강은 기존의 제도권 교회에 회의를 느끼기 시작했다. 앞서 나왔듯이 그는 1923년 다음과 같은 생각을 밝힌 바 있다.

지금부터라도 조선 사람이 살아나자면 먼저 각 사람이 종교를 믿어 하나님의 뜻 아래에 단결이 되어 나가야 하겠습니다. 또 만사는 사람이 하기에 있는 것이니까 다만 "하나님이 되도록 하여 주십시오" 하는 기도만 하

평양기독교회

여서는 소용이 없으니 사람이 나서서 하나님의 뜻대로 하는 데 있습니다.

이는 조선이 살아나기 위해서는 기독교를 널리 믿어야 하지만, 단지 기도만 하는 신앙이 아니라 하나님의 뜻대로 실천하려는 의지가 필요하다는 뜻이었다. 더불어 3·1운동 이후 민족의 현실을 외면하며 보수적保守的·기복적祈福的색채를 띠어가는 기성 교회에 대한 비판이기도 했다. 그는 죽는 날까지 철두철미한 신앙인으로 살았지만, 교회의 모습은 그를 고민에 빠뜨렸다.

그러던 그는 1929년 여름 교회의 갱신을 위해 기독신우회基督信友會의 활동에 참여했다. 조병옥을 중심으로 '기독주의의 민중화와 실제화'를 기치로 내건 신우회는 기성 교회의 반성을 촉구하며 개혁을 주장했다. 신우회원들은 이렇게 선언했다.

> 우리는 속죄구령贖罪救靈을 고조하는 동시에 기독基督의 사회복음주의를 중흥시키려 한다. 우리는 이 고통과 죄악으로 포위된 생生을 타他 세계에 전거轉去시키려 함보다도 자유, 평화, 진리의 천국을 인간사회에 임하게 하여 거기에서 우리의 인격의 진선미를 완성코자 한다.

'사회복음'과 '지상천국', 사회개혁을 통한 현실참여, 이것은 현실도 피적인 기복신앙을 걱정하고 있던 남강의 귀를 솔깃하게 했다. 하지만 얼마 못가 남강은 곧 실망하고 말았다. 신우회 지도층의 언행이 위선적이라고 생각했기 때문이다.

성서조선聖書朝鮮그룹

기독신우회를 대신하여 남강에게 새로운 매력을 준 것은 '성서조선 그룹'이었다. '성서조선 그룹'이란 일본인 우치무라 간조內村鑑三의 영향을 받은 조선 기독교인들로, 흔히 '무교회주의자'라고 불렸다. 이들은 교회에 나오지 않고 자기들끼리 모여 예배를 드리고 성경을 연구했으며, 동인지《성서조선》을 발간했는데 이 때문에 이렇게 불린 것이다.

《성서조선》은 문자 그대로 '성서'와 '조선'의 만남, 즉 '조선적 기독교'

《성서조선》

의 수립을 시도했다. 이들은 제도나 형식에 얽매이지 않고 조선의 현실에서 어떻게 성서를 해석하고 적용할 것인가의 문제를 놓고 고민했는데, 남강은 어느새 이들 속에서 새로운 희망을 찾게 되었다.

우치무라의 제자인 김교신은 조선에서 동지들과 함께 새로운 신앙공동체를 만들었다. 그리고 송두용·양인성·유석동·정상훈·함석헌 등과 함께 《성서조선》을 창간했다. 그 창간사를 보면 이들의 목표가 뚜렷이 드러난다.

《성서조선》아, 너는 우선 이스라엘 집으로 가라. 소위 기성신자의 수手에 거치지 말라. 기독基督보다 외인外人을 예배하고 성서보다 회당을 중시하는 자의 집에는 그 발의 먼지를 털지어다. 《성서조선》아, 너는 소위 기독신자보다도 조선혼朝鮮魂을 소지한 조선 사람에게 가라. 시골로 가라. 산촌으로 가라. 거기서 초부樵夫 1인을 위함으로 너의 사명을 삼으라.

'기독신자보다도 조선혼을 소지한 조선 사람에게 가라.' 이 말은 기성 교회에 염증을 느끼고 있던 남강에게 신선한 충격이었다. 남강과 '성서조선 그룹'의 접촉은 남강의 제자이자 오산고보 교사였던 함석헌을 통

《성서조선》 창간 동인들
앞줄 오른쪽부터 송두용 · 김교신 · 정상훈 · 유석동, 뒷줄 오른쪽부터 함석헌 · 양인성.

해 이루어졌다. 다음은 함석헌의 증언이다.

내가 동경에서 우치무라 선생에게 무교회 신앙을 배워가지고 돌아와, 처음엔 나도 덮어놓고 교회에 반대하자는 생각은 아니어서 교회에 나갔고, 하라는 대로 청년반을 맡기도 했으나, 날이 가는 동안에 아무래도 그냥 있을 수 없어 부득이 교회에서 나와 몇몇 학생을 데리고 따로 성경연구모임을 하였다. 선생님(주: 이승훈)도 처음엔 그것을 좀 못마땅하게 아셨는지도 모른다. 그러더니 한 번은 서울에 갔다 오시더니 나를 불러서 말씀하기를, "네가 기독 신우회니 무어니 하기에 무엇이 참 있는 줄 알았더니

○○○이란 놈도 깍대기야. 내 자네 글도 다 읽어보고 생각을 알았네. 이 다음 서울 가면《성서조선》쓰는 사람들 좀 볼 테니 주소를 알려주게" 하셨다. 그 후 과연 서울 가서《성서조선》의 동인들을 불러서 보셨고 오산에 돌아오셔서는 몸소 우리 성경모임에 나오셨다.

이것은 1929년 가을의 일이었다. 실제로 남강은 경성에 왔을 때 '성서조선 그룹'을 찾아 깊은 대화를 나누었다. 이후 그는 제도권 교회를 비판하며 출석하지 않고 '성서조선 그룹'과 어울리며 신앙생활을 했다. 그리고 '오산성경연구회'라는 명칭으로 집회를 가졌다. 처음에는 6~7명이 모였으나 1930년 5월 무렵에는 20명을 헤아렸다. 그는 어느덧 이 연구회의 중심인물이 되었다. 그리고 이 때문에 결국 1930년 2월 선천에서 열린 조선예수교장로회 평북노회에서 '시무視務치 않는 죄'로 면직되었다.

하지만 남강은 개의치 않았다. 이미 예상했던 일이었기 때문이다. "교회는 지금 조선을 위하여 좋은 일을 하는 것보다 도리어 해되는 일을 함이 많다"는 것이 그의 생각이었다.

이로써 남강의 활동은 제도권 교회와는 거리를 두게 되었다. 한때 신학교를 다니기도 했고 평신도로서는 가장 높은 직분인 장로였던 그의 이 같은 태도는 한국 기독교계에 작지 않은 충격이었다.

오산 교정에 동상으로 우뚝 서다

1924년 남강은 회갑을 맞았다. 이 해 3월 25일이 그의 60번째 생일이었다. 이를 기념하기 위해 3월 24일 오산학교 동문회에서는 회갑기념품 증정식을 열고 남강에게 금시계와 금메달을 선물했다. 이어 제자들은 남강의 약전略傳을 펴내기로 하였고 마침내 《육일지남강六一之南岡》을 출판했다. 하지만 이 책은 독자들에게 읽히지 못하고 모두 소각되고 말았다.

당시 발간되는 모든 책을 검열한 총독부 문서과가 이 책에 대해 반일적이라며 소각 결정을 내렸기 때문이다. 남강에 대한 귀중한 기록이 무려 3,000권이나 잿더미가 된 것이다. 이 안타까운 소식을 《동아일보》 1924년 6월 28일자는 이렇게 전하고 있다.

교육계에 공적이 많은 남강 이승훈씨의 (회)갑연을 당하여 평북 정주 오산학교의 졸업생과 재학생들이 이 선생의 공적을 기념하기 위하여 《육일지 남강》이라는 책을 비매품으로 발행한 바 지나간 25일에 압수를 당하였다더라.

남강의 육십 평생은 온전히 민족을 위한 길이었고 당연히 항일애국의 길이었다. 안명근사건과 105인사건에 연루되어 혹독한 옥고를 치렀으며, 오산학교를 중심으로 한 민족교육운동은 물론 민립대학 설립운동, 물산장려운동 등에도 앞장서온 남강의 존재는 일제 당국에 눈엣가시와도 같았다.

일제는 그런 그의 생애를 다룬 책이 널리 읽히는 것을 방치할 수 없었던 것이다. 남강은 물론 우리 민족으로서도 아쉽기 짝이 없는 일이었다.

그로부터 4년이 지난 1928년, 졸업생들을 중심으로 오산 교정에 동상을 세우자는 논의가 이루어져 남강선생 동상건립준비위원회가 발족되어 이 사업을 추진했다. 이 안건은 이듬해 5월 열린 총동창회에서 만장일치로 가결되었다. 자금은 졸업생과 각계의 유지들이 십시일반으로 모으되, 졸업생은 1인당 10원 이상으로 기준을 잡았다.

사실 살아 있는 사람의 동상을 세운다는 것은 흔치 않은 일이다. 남강이 이를 허락한 이유도 분명히 알려져 있지는 않다. 어쩌면 1926년 이래 오산고보의 혼란을 지켜본 그는 동상 건립을 심기일전의 기회로 삼으려 했는지도 모른다. 학생들에 대한 남강의 영향력도 예전 같지 않았다. 그 자신은 물론 모든 재학생과 졸업생들이 개교 당시의 초심으로 돌아가자는 염원이 담겨 있을 수도 있다.

하지만 여전히 총독부의 허가를 받는 일이 관건이었다. 민족지도자 남강의 동상 건립에 총독부는 난색을 보였지만, "교육자의 동상을 자기가 만든 학교 교정에 세운다"는 명목으로 어렵게 승낙을 받아냈다.

남강은 자신의 동상을 세우는 것을 굳이 마다하지는 않았다. 아마 죽은 뒤라도 계속 오산의 교정을 지키고 싶은 마음에서였을 것이다. 동상은 흉상胸像이 아닌 전신입상全身立像으로, 또 남강의 의견을 따라 양복을 입고 오른 주먹을 불끈 쥐고서 한 발을 앞으로 내디딘 모습으로 만들게 되었다. 중단 없는 전진, 남강은 그 모습으로 남고 싶었다.

경성의 옛 왕실 미술품제작소에서 모형을 만든 뒤 1929년 완성된 동상은 오산으로 운반되어 화강암 대석臺石에 올려졌다. 그리고 대석 앞면에는 오산학교 교사를 지낸 이광수가 쓴 설명문이 붙여졌다.

남강 이승훈 선생은 서기 1864 갑자년 3월 25일에 평안도 정주 본집에서 여주 이석주씨 둘째아들로 나니 모친은 홍주 김씨라. 어려서부터 밝고 참되니 사람들의 믿음을 받다. 중년에 무역상으로 이름이 높아지고 뜻이 서로 맞아 신민회에 들고, 일변 향지에 오산학교를 세우고, 일변 마산동에 자기회사를 세우니 모두 나라일이라. 이로부터 선생의 국가적 생활이 시작되다. 1919 기미년 33인의 하나로 옥에 들어간 것까지 옥에 가기가 세 번이요, 있기가 전후 아홉해, 선생의 백발이 옥중에서 난 것이다. 예수교에 도타운 신앙을 가져 오래 장로로 있었고 오늘은 가장 사랑하는 아들 재단법인 오산고등보통학교 이사장이다. 선생의 품에 자라난 오산학교 동창들이 선생의 은혜를 기념할까 하고 힘을 모아 이에 선생의 동상을 세우니, 서력 1929 기사년 11월 30일이라.

오산학교 교정에 세워진 남강 동상

그런데 동상 제막식은 해를 넘긴 1930년 5월 3일에야 거행되었다. 이 뜻 깊은 행사를 보기 위해 원근 각처에서 많은 사람들이 모여들었고, 오산은 축제 분위기로 술렁거렸다. 다과회도 열려 아이들은 과자를 받아들고 싱글벙글했다. 이 날 참석자는 무려 3,000명을 헤아렸는데, 제막식의 모습을 《중외일보》 1930년 5월 6일자는 다음과 같이 전하고 있다.

반생을 한결같이 공공사업에 힘쓰면서 온갖 풍상과 갖은 고초를 다 겪고 일변 청년자제를 교육하기 위하여 오산학교를 설립하고 이래 이십여 년간을 하루같이 계속 분투하여 그 동안에 칠팔백명의 졸업생을 내고 지금에는 완전한 기초에 오산고등보통학교 및 오산보통학교를 경영하여 팔백의 건아를 교육하고 있는 오산학교 설립자요, 지금에는 동교 이사장으로 있는 남강 이승훈씨의 잊지 못할 공로와 그 은혜에 대하여 영원히 기념키 위하여 작년 4월쯤 오산학교 졸업생회의 발기로 씨의 동상을 건립하기로 하고 그 동안 많은 활동을 하여 오던 결과 지난 12월 16일에 4천 2백여원의 경비로 오산 교정에 동상을 건립·준공했는데 그 동안 어떤 사정으로 그 제막식이 연기되어 오다가 지난 3일에 정주군 갈산면 오산학교 교정에서 그 제막식을 거행케 되었는 바 원근내객이 무려 삼천을 헤고도 남았다 하며 그 중에는 가계의 일류명사도 많았다는데 오산학교 졸업생회 대표 박치종씨의 사회로 김지환씨의 일생사와 노보근씨의 사업보고와 김도태씨의 기념사가 있은 후 원근내빈 중 명사들의 축사가 있었고 그 다음 남강 선생과 및 선생의 종손 창건씨 등의 답사로 무사폐회했다는 바 이와 같이 성황을 이룬 일은 근래에 드문 일이라고 일반은 말한다더라.

하지만 일경들은 혹시나 이 행사가 반일적 집회가 되지 않을까 경계를 늦추지 않았다. 때마침 학생들이 남강의 사진이 실린 그림엽서를 만들어 팔고 있었는데, 그 중에는 3·1운동 때 불탄 오산학교와 조만식의 모습도 담겨 있었다. 경찰은 이 그림엽서들을 압수했다. 또 조선일보 부사장 안재홍이 축사를 하는 도중 내용을 문제 삼아 경찰서장이 중단시키기도 했다. 이런 분위기에서 마침내 남강이 연단에 올라 아래와 같이 소감을 밝혔다.

나같이 별로 한 일도 없는 사람을 위해 이렇게 동상을 세워주고 제막식까지 성대히 해주니 무어라 감사의 말씀을 드려야 할지 모르겠습니다. 나는 어려서 가난한 가정에 태어나 글도 변변히 못 읽고 여러 가지 고생을 했는데, 오늘 이 같은 영광을 받게 되니 내게는 너무 과분한 일입니다. 내가 민족이나 사회를 위해 조금이나마 한 일이 있다면 그건 백성된 도리에서 당연한 것이며 특별한 것이 아닙니다. 나는 하나님을 믿는 것을 가장 자랑스럽게 생각합니다. 내가 후진後進이나 동포를 위해 한 일이 있다면 그것은 내가 한 것이 아니고 하나님이 내게 시킨 것입니다.

대석 위에도 남강이 서 있고 연단 위에도 남강이 서 있었다. 두 명의 남강이 함께 주먹을 불끈 쥐고 참석자들을 바라보았다. 연설을 하는 남강의 목소리는 감격에 젖어 있었고, 연설을 듣는 모든 이들의 가슴은 감동으로 차올랐다. 하지만 그 누구도 알지 못했다. 이것이 그들이 듣는 남강의 마지막 연설이 되리라는 것을.

남강의 동상은 그가 죽은 뒤에도 오산의 교사와 학생들을 하나로 묶는 구심체 역할을 했다. 교문을 들어서며 그의 동상을 마주하면 마치 그가 살아 있기라도 한 듯한 느낌을 받았다. 마치 그의 동상은 오산학교의 역사와 전통을 지켜주는 수호신처럼 보이기도 했다. 동상에 얽힌 눈물겨운 사연도 적지 않으니, 《오산 백년사》는 다음과 같이 전하고 있다.

동상이 서니 학생은 말할 것도 없고 사회의 인사, 학부형들의 남강에 대한 추모는 대단하였다. 입학시험 때는 모든 학부형들이 자식을 데리고 와서 꿇어 엎드려 절하고 혹은 기도하며 그 앞에 쓴 약력을 모조리 외우기도 했다. 남강 동상은 학생들에게 애국심을 불러일으켰을 뿐만 아니라 학생들의 생활에도 지침이 되었다. 이런 이야기도 있었다. 4학년 어느 학생이 학교 내에서 많은 시달림과 빈축을 받고 집에 돌아와 아버지 앞에서 학교를 자퇴하겠다고 하였다. 그 아버지는 노발대발하며 "네가 민족의 학교에서 조국을 위하여 4년간이나 자랐거늘 이제 1년 남기고 학교를 그만두겠다는 것은 납득할 수 없다. 학교를 그만두려거든 남강 선생의 동상 앞에 가서 자결을 하라"고 하였다. 이 말을 들은 학생은 크게 뉘우치고 그날로 오산에 와서 남강의 동상 앞에서 밤새 통곡하여 울었다는 것이다. 그 학생은 1년 뒤 졸업식 날을 앞두고 또 다시 동상 앞에서 남달리 한 많은 울음을 터뜨려, 동료들의 부축을 받아 돌아갔다는 애절한 사연도 있었다.

정신은 살아 오산과
조선을 지키다

유언과 사망

동상 제막식이 있은 지 불과 닷새가 지난 5월 8일, 남강은 조회시간에 학생들에게 훈화를 했다. 머리칼이 긴 학생을 꾸짖기도 했다. 그리고 저녁에는 농촌 개발을 목적으로 만든 자면회自勉會 회원들을 불러 모아 훈화를 했고 밤 10시를 넘겨 잠자리에 들었다. 다음날은 평양 기독병원에 입원하기로 되어 있었다.

남강은 평소 심장이 좋지 않았다. 당연히 입원해서 치료를 받아야 했지만 이런저런 일로 바빠서 차일피일 미루다 겨우 시간을 잡은 것이었다.

하지만 남강은 그 하루를 견디지 못했다. 밤 11시쯤 통증이 시작되었다. 교의校醫 임창선이 와서 주사를 놓았으나 차도가 없었다. 남강은 숨을 거칠게 몰아쉬며 40년지기 친구인 박기선을 불렀다. 그리고 다음과 같이 유언했다.

> 내 스스로 몸을 나라와 민족에게 바치기로 맹세했는데 이제 죽게 되었네. 내가 죽거든 시신을 병원에 보내어 해부하고 뼈를 추려 표본으로 만들어 모든 학생들이 사람의 관절과 골격의 미묘함을 연구하는 데 자료로 삼게 하게나. 바라건대, 공연히 편안하게 땅 속에 누워 흙보탬이나 되게 하여 이 마음을 저버리지 말도록 해주게.

그는 죽더라도 편안히 땅 속에 누워 있기가 싫었다. 해골로라도 오산학교에 있으면서 학생들과 만나고 싶었다. 표본으로나마 학생들의 교육을 도와주고 싶었다. 자나 깨나, 죽으나 사나 그에게는 민족과 오산뿐이었다.

박기선은 병이 곧 나을 테니 걱정하지 말라며 남강을 안심시켰다. 그는 잠시 남강의 상태가 나아지자 집에 돌아갔다가 급보를 듣고 다음날 새벽 3시에 다시 달려왔다. 그 시간에 평양 기독병원으로 옮기려 했으나 그는 기다려주지 않았다. 5월 9일 새벽 4시, 결국 남강은 파란만장한 삶을 마치고 말았다. 향년 67세였다. 민족의 큰 별은 이렇게 덧없이 떨어졌다.

남강의 사망 소식은 오산을 비탄에 빠뜨렸다. 교사와 학생, 주민들 모두 슬픔에 잠겼다. 인근에 사는 김협제는 10일 고읍 장날에 상인들을 모아놓고 "우리의 위대한 독립운동가 남강 이승훈 선생이 돌아가셨다. 우리 모두 독립만세를 부르자"고 외쳤다. 그는 평소 정신이 맑지 않았지만 남강만 만나면 그 앞에 엎드려 "선생님, 안녕하십니까" 하고 인사를 올렸었다. 그는 남강이 죽은 뒤 이곳저곳을 다니며 "독립만세"를 외치다 경찰에 붙잡혀 옥에 갇혔다. 하지만 그는 "남강 선생이 죽었는데 만세도 못 부르게 한다"며 경찰에게 대들었다. 남강의 죽음과 '독립만세', 일제 당국은 이것이 걱정스러웠다. 자칫하면 그의 죽음이 민족의식을 환기시키는 계기가 될 수도 있다고 생각했기 때문이다.

남강의 부음이 전해지는 곳마다 충격에 휩싸였다. "이 비보를 들은 인사는 남녀노소 모두 비통한 분위기에 잠겼다"는 신문기사처럼, 온 나라와 겨레가 슬픔에 빠졌다. 《중외일보》 1930년 5월 13일자는 당시 분위기를 이렇게 전했다.

> 시대의 선각자요, 민족의 선두자로 한 생을 통하여 근대 조선역사의 표면, 이면으로 피란을 같이하며 부단한 활동을 하던 남강 이승훈 선생이 별세하였다는 비보가 한 번 전하자 각지에서는 눈물로 수놓은 선생의 과거 분투를 추억하여 모두 정중한 조의를 표하고 있다. 내 몸과 가정을 잊고 몸소 사회를 위하여 민족을 위하여 침식을 잊고 고원한 이상 밑에 갖은 풍상을 달게 여기며 동분서주하던 남강 선생의 수고는 영원히 후배된 사람이 잊지 못할 일대 사건이다.

남강의 장례를 학교장으로 치를지, 사회장으로 치를지가 문제였다. 5월 10일 서울에서는 윤치호 등 40여 명의 민족지도자들이 조선교육협회회관에서 회의를 하여 사회장으로 치르기로 결정했다.

이미 남강은 '오산'만의 남강이 아니라 '조선'의 남강이었다. 이어 윤치호를 위원장으로 한 남강선생 장례준비위원회가 조직되었고 평양에서도 27개 단체 대표 45인이 위원회를 만들어 사회장 준비에 나섰다. 조만식을 비롯한 유지들이 중심이 되었고 평양의 거의 모든 유력단체들이 참여했다.

　이밖에 진남포·선천·사리원·신의주·부산·영변 등지에서도 위원회가 조직되었다. 이처럼 전국이 그를 애도하는 분위기에 젖었다. 반면 사회주의계열의 단체에서는 남강의 사회장을 반대하고 개인 자격의 조문만 하기로 결정하여 아쉬움을 남기기도 했다.

장례식과 운구

그런데 정주경찰서가 갑자기 평북 경찰부의 명령이라며 사회장을 금지하고 나섰다. 자칫하면 그의 장례식이 항일집회로 비화될 것을 우려한 때문이었다. 이에 장의위원들은 당국과의 교섭에 나서 정주에서만 장례식을 거행한다는 조건으로 허가를 받았다.

　마침내 5월 16일 오전 8시 자택에서 발인식이 거행되었다. 인근의 상점들은 모두 문을 닫고 그를 애도했으며, 정주는 새벽부터 궂은비가 내렸지만 각지에서 모여든 사람들로 인산인해를 이루었다. 만약의 사태에 대비해서 정복·사복 경찰들도 곳곳에 배치되었다. 이 날의 모습을 《조선일보》 1930년 5월 17일자는 이렇게 그리고 있다.

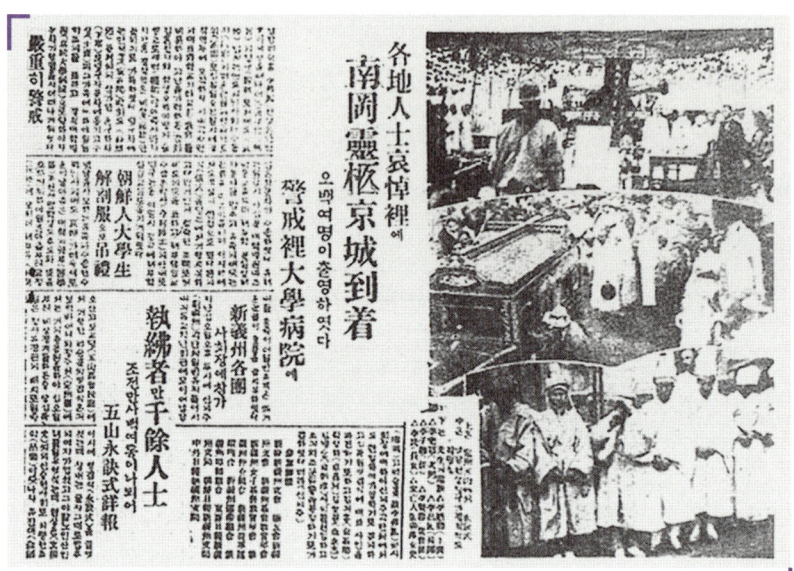

《조선일보》에 실린 남강의 장례식 기사

이 날에 하늘도 무심치 않아 암담한 구름이 온 하늘을 덮고 선생을 애도하는 듯이 가랑비[細雨]까지 뿌렸다. 선생이 세상에 계셨을 때의 일을 추모하여 여러 사람의 흐느껴 우는 눈물로 이곳저곳에서 울음소리가 새어나와 식장은 눈물바다가 되었다. 참석자와 각지 단체 대표와 개인을 합하여 6천여 인이고 예식장 전후좌우는 무장경관이 엄중히 경계하였으며······.

찬송, 기도, 식사式辭, 성경 낭독, 기도, 발인의 순서로 발인식이 진행되는 동안 여기저기서 울음이 터져 나왔다. 이어 9시에 그의 영구는 그

정주로 떠나는 남강의 유해 운구 보도기사

의 분신이나 다름없는 오산고보로 옮겨졌고 영결식이 거행되었다. 영구 靈柩는 흰 꽃으로 덮이고 그 앞에는 각계에서 보내온 많은 조화들이 늘어서 있었다. 그리고 식장인 교정에는 학생들이 들고 있는 여러 빛깔의 만장이 휘날리고 있었다. 그런데 유독 한 학생이 서럽게 흐느끼고 있었다. 조회시간에 머리가 길다고 남강에게 책망을 들은 바로 그 학생이었다.

장례식은 현상윤의 사회로 유진태의 식사, 유영모의 약력 보고, 박기선의 유언 낭독, 박승봉·최린·조만식의 조사, 서정희·장지영의 조문 낭독, 홍기주의 조전弔電낭독, 학생들의 애도가哀悼歌, 3분간의 묵념, 일동 경례의 순서로 진행되었다. 이 자리에서 조만식은 "남강은 조선을 위해 울고 웃고 조선을 위해 죽었다. 남강은 그 죽은 뼈까지 민족에게 바쳤다"며 눈시울을 적셨다. 장례식이 끝난 뒤 오후 3시 남강의 영구는 만장과 조기에 둘러싸인 채 고읍역으로 운구되었으며, 기나긴 인파의 행렬이 뒤를 따랐다.

영구가 역에 도착했을 때는 깜깜한 밤중이었다. 그런데 일경은 역의 전등까지도 켜지 못하도록 했다. 남강의 영구가 열차에 실리는 모습을 사람들이 보지 못하게 하기 위해서였다. 영구가 실린 9시 26분 발 경성행 열차가 역을 출발하자, 군중 속에서는 "대한독립만세"가 터지기도 했다.

남강의 영구를 실은 열차가 지나가는 역마다 많은 사람들이 모여들었다. 신안주역에서는 200여 명이, 평양역에서는 1,500여 명이 기다리고 있다가 묵념과 경례로 애도했다. 그들의 마음은 칠흑 같은 어둠만큼이나 착잡하고 답답했다.

밤새 달려온 열차가 경성역에 도착한 것은 이튿날 오전 7시 10분이었다. 마중 나와 있던 500여 명의 각계 인사들은 머리 숙여 영구를 맞았다. 영구는 자동차에 실려 다시 경성제국대학병원으로 옮겨졌다. 병원까지 도보로 운구될 경우 발생할지도 모를 사태를 방지하기 위해서였다. 당초에는 17일 오후 2시 훈련원에서 영결식을 거행하고 병원으로

오산학교 서쪽 산기슭에 조성된 남강의 묘소

운구할 예정이었지만, 당국은 이마저도 허락지 않았다. 그들은 이미 다음과 같은 지침을 내린 상태였다.

- 역에서 대학병원까지 유해 운반은 자동차로 할 것.
- 출영出迎인사는 단체당 3인 이내로 하되 왕래할 때 행렬을 만들지 말 것.
- 역에 출영할 때는 조기弔旗와 만장輓章을 지참하지 말 것.
- 역에 하차한 후 유해를 장시간 체류시키지 말 것.
- 추도회를 개최하지 말 것.

저들은 죽은 남강의 유해가 조선인들의 민족의식을 고취시킬까두려워하고 있었다. 남강은 죽어서까지도 일제의 감시에서 자유롭지 못했다. 경성역부터 병원까지 경찰차가 영구차의 뒤를 따랐다.

영구가 병원 해부학교실에 도착한 것은 오전 8시였다. 경찰의 제지로 그 어떤 의식도 열리지 못했다. 남강의 유해를 표본으로 만드는 작업은 일본인 이마무라今村박사가 맡았으며, 표본의 완성까지는 약 4~5개월이 걸릴 예정이었다.

그런데 갑자기 총독부로부터 표본 제작을 중지하고 시신을 매장하라는 지시가 내려왔다. 이에 앞서 평북 경찰부는 7월 10일 남강의 아들 이택호를 불러 "표본된 유골을 찾아와 매장하라"고 명령했다. 이택호는 상경하여 경찰부 고등과장과 경무국장, 경성제국대학 의과부장 등을 만나 매장할 수 없는 사정을 말하며 끝까지 표본을 보존하려 했으나 총독부의 협박으로 유족들은 유해를 매장하기로 결정했다.

표본으로 제작 중이던 남강의 유골은 11월 2일 정주행 열차로 운구되었다. 이번에도 역시 경찰의 삼엄한 감시가 뒤따랐다.

11월 4일, 남강의 유골은 유리상자와 나무상자에 담겨 학교 서쪽 산기슭에 안장되었다. 다음해 10월에는 정인보가 지은 글을 오세창이 쓰고 이범세가 새긴 묘비가 세워졌다. 다음은 그 한 대목이다.

공公의 초년에는 등짐 지고 장사하여 자력으로 재물을 모았고
조국 산하를 회포에 사무쳐 하늘이 그 뜻을 살펴 주셨네
종을 칠 새 북채가 있으나 북채로 아니하고 손으로 쳤네

여기에 재물을 모아 학생을 가르치며 몸소 규범을 보이셨네

20년간 수없이 죽을 고비를 넘기면서

외롭게 싸웠지만 뚜렷한 보답이 없었고

명예는 오히려 공이 부끄러워하는 바였네

백발이 삼삼하니 사람들이 다 이에 의지하였네

사람들이여 무덤을 말하지 말라

나는 그 피로를 풀고 여기 편안히 쉬노라

성산城山의 언덕에 허물을 가림이 있으리라

돌에 새겨 글을 실으니 깊이 눈물 흘리며 울리로다

남강의 제자 파인 김동환은 다음과 같은 조시弔詩를 지어 그가 발행하던 《삼천리》에 실었다.

근조 남강선생謹弔 南岡先生

남문을 열고 바라를 치며

천리 손님을 맞자고 했더니

바라는 울지 않고 손님은 말이 없네

선생조차 이 장안을 울리려 오셨던가

신 삼아 드리고 막대 갖추어 드리어

하실 일 마자 하시라 재촉했더니

서울 오산학교 교정에 세워진 남강의 흉상

남강에게 추서된 건국공로훈장증

일만 두고 어디 가셨나

가신 곳 바다라면 물을 찌우고 찾사오리

산이라도 흙을 뒤지고 찾사오리

이제는 세상 위하던 피와 뼈

땅에 들어 흙이 되리

흙 위에 꽃이 필 때도

그 넋을 누가 안대도 당대에 쓰러질 꽃

누가 차마 애처러와 보리

가시기만 잘못이네, 보내기만 잘못이네

가실 때 따로 있지 가실 분이 따로 있지

이제 가면 언제 오실까

오실 때 더 젊어지신대도 나는 싫네

더 젊어져 더 크신 일 하신대도 나는 싫네

하늘아! 너는 참 일만 가슴에

못할 못도 또 박는구나

1930년 5월 17일

영구를 맞고 돌아와서

이렇게 우리 민족은 지도자 한 분을 잃었다. 남강은 '가실 분'이 아니었고 아직은 '가실 때'도 아니었지만, 그의 육신은 땅에 묻혔다. 하지만 그 정신은 여전히 민족의 가슴 속에 살아 오산과 조선을 지켰다. 그가 죽은 뒤 15년이나 지나 조선은 해방을 맞았고 정부는 그의 공적을 기려 1962년 대한민국 건국공로훈장을 추서했다. 오산학교도 많은 민족지도자들을 배출하고 발전하여 2007년 설립 100주년을 맞았다.

    남강의 생애는 민족의 역사가 되었고, 그의 정신은 민족의 귀감이 되어 여전히 우리의 가슴 속에 숨쉬고 있다. 그러기에 평생을 민족을 섬기며 살았던 그의 이름은 아직도 우리에게 진한 감동으로 다가온다.

이승훈의 삶과 자취

1853	여주이씨 이석주 일가 정주로 이주
1864	3월 25일. 평안북도 정주에서 이석주와 홍주김씨의 차남으로 출생
	어머니 별세
1869	청정으로 이사, 서당에서 한문 수학
1873	아버지와 할머니 별세
1874	청정 임일권의 유기점에 사환으로 취직
1878	이도재의 딸 전주이씨 이경강과 결혼
1887	청정에 유기공장과 유기상점 설립
1894	청일전쟁 일어나자 덕천으로 피신
1895	오희순의 후원으로 유기점 재건
1899	수릉참봉직 제수, 청정에서 용동으로 이사하고 서당 설립
1901	운수업·무역업에 진출
1902	엽전운송선 침몰사건으로 피해
1904	러일전쟁 때 우피무역에 실패
1905	일선에서 은퇴하여 용동에 칩거
1907	2월. 서우학회 입회
	3월. 안창호를 만나 민족운동 투신을 결심
	7월. 신민회 입회, 평안북도 지회의 책임자로 활동, 강명의숙을 설립하여 신교육 실시
	12월 24일. 오산학교 설립하고 교감에 취임

1908	기독교에 입교, 평양에 태극서관 설립
	5월 20일. 서북학회 정주지회 설립 청원
1909	평양에 자기회사 설립
	1월 31일. 정주역에서 순종을 알현, 순종이 격려금 하사
	2월 9일. 《황성신문》에 〈舉李昇薰氏歷史하야 告我全國人士〉라는 기사 게재
1909	오산교회 설립
1910	7월 11일. 오산학교 1회 졸업식 거행
1911	2월. '안명근사건'으로 피체
	4월. 제주도 유배
	9월. '105인사건'으로 다시 압송
1912	10월. 재판에서 10년형 언도받고 복역
1915	2월. 가출옥
	정기정 목사에게 수세
1916	오산교회 장로로 장립
1917	평양장로회신학교 입학
1918	9월. 장로교총회에서 여운형과 만나 국내외 정세를 논의
1919	2월. 상해에서 입국한 선우혁과 접촉하여 독립선언 계획
	2월 10일. 독립선언에 대해 협의하기 위해 상경하여 천도교측과 접촉, 24일 천도교측에 기독교측의 동참의사를 전달, 26일 독립선언을 위한 기독교측의 최종회의를 주도
	3월 1일 '민족대표'들과 함께 독립선언을 한 뒤 일경에 피체, 31일 오산학교 학생들의 3·1운동으로 학교과 교회 전소
1922	2월 1일. 부인 이경강과 사별
	7월 21일. 33인 중 마지막으로 경성감옥에서 출옥

	7월 25~29일. 《동아일보》에 "감옥에 대한 나의 주문" 연재
	8월 10일. 평양 장대현교회에서 강연, 25일 안주중학기성회에서 강연, 28일 선천유학생회에서 강연, 29일 신의주유학생회에서 강연
	10월 1일. 영미교회에서 강연
	11월. 민립대학기성준비회 중앙집행위원에 피선
	용동에 자면회 조직
	평양 기독병원에 입원

1923 1월 2일. 《동아일보》에 대담 "조선과 조선인의 번민" 게재, 4일. 일본시찰을 위해 출국, 동경조선인연합교회에서 강연, 오산학교 졸업생 주최 환영회 개최, 18일 기독청년회 주최 환영회 개최

2월. 전도대 조직, 23일 선천친흥회에서 강연

3월 5일. 숙천교회에서 강연

4월. 민립대학설립기성회 중앙상무위원에 피선, 6일 대성학교학우회경영위원회에서 초청하여 경과보고

6월. 조선교육협회 창립에 참여, 9일 용암포교회에서 민립대학설립운동 선전강연

9월 21일. 명신학교에서 강연

1924 3월 24일. 오산학교동문회 주최 회갑기념품증정식 거행, 25일 회갑

5월. 동아일보사 사장 취임

6월 25일. 남강의 약전인 《육일지남강》을 일경이 압수·소각

7월 12일. 평양에서 열린 동아일보사 주최 하기대강연회에서 강연

9월. 조선기근구제회 집행위원장 피선

10월. 동아일보사 고문 취임

1925 8월 29일. 오산학교 재단법인 이사장 취임

12월. 한국교계대표 및 선교사들을 초청하여 국제선교연맹 준비회

	의 개최
1926	평양 숭인중학교 재단법인기성위원회 위원 피선
	1월 23일. 오산고등보통학교로 승격
	6월 15일. 길선주 목사의 주례로 장선경과 재혼
1928	남강선생동상건립준비위원회 발족
1929	기독신우회에 입회
	'성서조선그룹'과 합류, 오산성경연구회에서 성경연구
	12월 16일. 남강 동상을 오산교정에 건립
1930	1월 18일. 오산고보 학생들의 만세시위운동
	2월 5일. 평북노회에서 남강의 장로직 면직
	5월 3일. 오산교정에서 이승훈의 동상제막식 거행, 9일 67세를 일기로 별세, 16일 오산교정에서 장례식 거행, 17일 남강의 유해, 경성에 도착
	6월. 남강 유해의 표본 제작을 당국에서 제지
	11월 4일. 남강의 유해, 용동에 안장
1962	3월 1일. 대한민국 건국공로훈장 추서

자료

《황성신문》,《대한매일신보》,《동아일보》,《조선일보》,《시대일보》,《중외일보》, 《조선중앙일보》,《기독신보》,《매일신보》,《서우》,《서북학회월보》,《삼천리》, 《개벽》,《신민》,《동광》,《성서조선》

논문

- 김선양, 〈남강 이승훈의 교육사상〉,《남강 이승훈과 민족운동》, 남강문화재단, 1988.
- 김승태, 〈남강 이승훈의 민족의식과 민족운동 방략〉,《한국독립운동사연구》 19, 독립기념관 한국독립운동사연구소, 2002.
- 김승태, 〈남강 이승훈의 신앙 행적에 관한 몇 가지 문제〉,《한국기독교와 역사》 17, 한국기독교역사연구소, 2002.
- 김형석, 〈3·1운동과 남강 이승훈〉,《남강 이승훈과 민족운동》, 남강문화재단, 1988.
- 김형석, 〈남강 이승훈 연구: 1920년대의 민족운동을 중심으로〉,《사학연구》 38, 한국사학회, 1984.
- 김형석, 〈남강 이승훈 연구: 3·1운동을 중심으로〉,《동방학지》 46·47·48 (합), 연세대학교 국학연구원, 1985.
- 김형석, 〈남강 이승훈과 민족운동〉,《한국기독교사연구》 13, 한국기독교사연

구회, 1987.
- 김훈경, 〈남강 이승훈의 교육사상〉, 《교육논총》 1, 한양대학교 한국교육문제연구소, 1984.
- 渡部學, 〈南岡·李昇薫(1864~1929)と五山學校〉, 《朝鮮研究》 35, 日本朝鮮研究所, 1964.
- 渡部學, 〈남강 이승훈과 독립쟁취의 교육〉, 《남강 이승훈과 민족운동》, 남강문화재단, 1988.
- 李省展, 〈李昇薫と五山學校: 植民地朝鮮におけるキリスト教教育の展開〉, 《キリスト教史學》 50, キリスト教史學會, 1996.
- 李省展, 〈民族運動史上の人物: 李昇薫〉, 《朝鮮民族運動史研究》 10, 朝鮮民族運動史研究會, 1994.
- 서굉일, 〈1920년대 사회운동과 남강〉, 《남강 이승훈과 민족운동》, 남강문화재단, 1988.
- 서정기, 〈남강 이승훈의 생애와 교육사업에 관한 연구〉, 《광주교대논문집》 7, 광주교육대학, 1972.
- 신용수, 〈남강 이승훈의 생애와 기업경영이념〉, 《한국사상과 문화》 1, 한국사상문화학회, 1998.
- 엄영식, 〈오산학교에 대하여〉, 《남강 이승훈과 민족운동》, 남강문화재단, 1988.
- 윤경로, 〈105인사건과 이승훈〉, 《한국기독교사연구》 13, 한국기독교사학회, 1987.
- 윤경로, 〈신민회와 남강의 경제활동 연구〉, 《남강 이승훈과 민족운동》, 남강문화재단, 1988.
- 이만열, 〈남강 이승훈의 신앙〉, 《남강 이승훈과 민족운동》, 남강문화재단, 1988.

- 이만열, 〈남강 이승훈의 신앙〉, 《역사에 살아 있는 그리스도인》, 한국기독교역사연구소, 2007.
- 이시용, 〈남강 이승훈의 교육사상〉, 《인천교대논문집》 22, 인천교육대학, 1988.
- 이훈섭, 〈남강 이승훈의 부보상 활동에 관한 연구〉, 《전문경영인연구》 8-1, 한국전문경영인학회, 2005.
- 조기준, 〈남강 이승훈 선생의 기업활동〉, 《남강 이승훈과 민족운동》, 남강문화재단, 1988.
- 조현욱, 〈오산학교와 서북학회정주지회〉, 《문명연지》 3-1, 한국문명학회, 2002.

저서

- 김기석, 《남강 이승훈》, 한국학술정보, 2005.
- 김도태, 《남강 이승훈전》, 문교사, 1950.
- 남강문화재단 편, 《남강 이승훈과 민족운동》, 남강문화재단, 1988.
- 남강문화재단 편, 《남강 이승훈과 씨함석헌》, 남강문화재단, 1990.
- 오산칠십년사편찬위원회, 《오산칠십년사》, 오산칠십년사편찬위원회, 1978.
- 오산백년사편찬위원회, 《오산백년사: 1907~2007》, 오산학원, 2007.
- 이교현, 《남강의 생애와 정신》, 남강문화재단, 2001.
- 이북오도인명감편찬위원회, 《이북오도인사 한국현대인물전》, 이북오도인명감편찬위원회, 1992.
- 장병일, 《남강 이승훈 선생》, 대한기독교계명협회, 1966.
- 정주군민회, 《정주명감》, 정주군민회, 1966.
- 평안북도지편찬위원회, 《평안북도지》, 평안북도지편찬위원회, 1973.

학위논문

- 강대헌, 〈남강 이승훈의 교육사상 연구〉, 경희대 교육대학원 석사학위논문, 1994.
- 김동호, 〈남강 이승훈의 교육사상에 관한 연구〉, 경성대 교육대학원 석사학위논문, 1996.
- 김성배, 〈남강 이승훈의 교육사상 연구〉, 인하대 교육대학원 석사학위논문, 1988.
- 김성호, 〈남강 이승훈의 교육사상 연구〉, 춘천교대 교육대학원 석사학위논문, 2004.
- 김연상, 〈남강 이승훈의 기독교적 기업경영 이념과 활동에 관한 연구〉, 연세대 대학원 석사학위논문, 2003.
- 김용기, 〈남강 이승훈의 교육사상 연구〉, 관동대 교육대학원 석사학위논문, 1997.
- 김종오, 〈남강 이승훈의 생애와 사상〉, 성균관대 교육대학원 석사학위논문, 1984.
- 문정아, 〈남강 이승훈의 민족주의사상 연구〉, 동국대 교육대학원 석사학위논문, 1992.
- 설동호, 〈남강 이승훈 연구: 교육행적과 교육자적 정신을 중심으로〉, 중앙대 대학원 석사학위논문, 1973.
- 신중섭, 〈남강 이승훈 교육사상 연구〉, 단국대 교육대학원 석사학위논문, 1988.
- 원문호, 〈남강 이승훈의 교육사상에 관한 연구〉, 관동대 교육대학원 석사학위논문, 2001.
- 이교현, 〈남강 이승훈의 생애와 사상에 대한 해석학적 접근〉, 한국교원대 석

사학위논문, 2001.
- 이대해, 〈남강 이승훈 교육사상 연구〉, 경성대 교육대학원 석사학위논문, 1998.
- 이주남, 〈남강 이승훈의 교육사상에 관한 연구〉, 건국대 교육대학원 석사학위논문, 1986.
- 정연덕, 〈남강 이승훈 연구: 그의 생애에 나타난 윤리관을 중심으로〉, 고려대 교육대학원 석사학위논문, 1982.
- 정원희, 〈남강 이승훈의 교육사상 연구〉, 인하대 교육대학원 석사학위논문, 2003.
- 최영순, 〈남강 이승훈의 교육사상 연구〉, 관동대 교육대학원 석사학위논문, 2000.
- 최정순, 〈남강 이승훈의 교육사상 연구〉, 관동대 교육대학원 석사학위논문, 1999.
- 최화순, 〈남강 이승훈의 교육사상 연구〉, 관동대 교육대학원 석사학위논문, 1998.
- 한기천, 〈남강 리승훈의 구국활동: 105인 사건, 3·1운동 公判記를 중심으로〉, 건국대 교육대학원 석사학위논문, 1994.

찾아보기

ㄱ

가명학교 42
강명의숙講明義塾 38
강봉우 45
관서자문론關西資門論 67
《기독신보》 135
기독신우회基督信友會 164
길선주 153
김구 83, 85
김기홍 128~131, 146, 148
김덕용 38
김도태 50
김동원 141
김상범 57
김성수 127, 141
김세환 111
김용제 83
김이열 128, 130
김이현 18
김인오 28
김자열 50
김장록 21
김정민 57
김정진 74
김주황 107

김중전 130
김창준 115
김택제 130
김항복 107
김홍량 83
김홍일 103, 104, 107

ㄴ

남강 141

ㄷ

대명학교 42
대성학교 42, 59, 70
《대한매일신보》 34, 41, 70, 72
대한신민회 39
도인권 83
《동아일보》 118, 119

ㄹ

라부열羅富悅 63, 75, 93
러일전쟁 31

ㅁ

만국평화회의 67
면학회 83
민립대학 기성회준비위원회 138
민영철 34
민족주의계열 157

ㅂ

박균 156
박기선 49, 61, 62, 122, 130
박기준 95, 122
박동완 115
박동진 107
박승봉 48, 56, 57
박승빈 141
박우병 62
박희도 111, 115
배경진 83
《백범일지》 83, 84
백봉제 107
백양여 57
105인사건 81, 88
백이행 49
백인제 107, 130
베어드 13

ㅅ

사회주의계열 157
산정현교회 74
3·1운동 117, 122

상무동사商務同事 71
서대문형무소 117
서북학회 35
서상일 141
서우학회 35
서전서숙瑞甸書塾 61
서진순 49, 61
선우혁 109
《성서조선》 165
성서조선 그룹 165, 168
《소년少年》 41, 72
손병희 115
송두용 166
송진우 141
숭실학교 42
승계련 146
승천재陞薦齋 49
《시대일보》 142
식도원食道園사건 142
신간회新幹會 157
신민회新民會 39~41, 45, 83, 88
신석구 115
신석우 141
신성학교 42
신홍식 111, 115
심재덕 122

ㅇ

안명근 34, 83
안명근安明根사건 81, 82, 88
안세환 111, 115
안악安岳사건 82

안재홍 140, 141
안주연회 45
안중근 34
안창호 36, 37, 40, 47, 59
안태국 45, 72, 90
양기탁 40, 89
양산학교 83
양인성 166
양전백 109
여준 49, 55, 61
연정회硏政會 141
오기선 111
오산교회 100, 109, 122
오산보통학교 149
오산학교五山學校 46, 49, 52, 53, 70
오치은 146, 148
오화영 111, 115
오희순 26, 28
오희은 148
옥관빈 45
유동렬 40
유동열 90
유석동 166
유영모 63, 95, 96
윤성운 28, 57, 69
《육일지남강六一之南岡》 169
윤재명 69
윤치호 45, 90
의주연회 45
이갑 40
이갑성 111, 115
이경강 125
이경근 128, 130

이경린 146
이광수 52, 64, 95, 96
이덕환 69, 72
이동령 40, 61
이동휘 40
이명룡 109
이상설 61, 67
이석주 15, 21
이승길 83
이시복 15
이업 50
이용화 57
이위종 67
이윤영 50, 128, 130
이인수 50
이종린 141
이종성 57
이준 67
이중호 50, 74
이찬제 50
이택호 130
이필주 115
이학수 148
일신학교 42
임일권 19, 22, 24, 25
임치정 89

ㅈ

장선경 153
전덕기 40
전봉현 146, 148
전재풍 69

정기정 100
정상훈 166
정원학생회定遠學生會 156
정인숙 69
정주읍교회 100
정주향교 47
조만식 95, 96, 98, 122, 128, 140, 141, 152
조병옥 165
조선공산당 155
조선교육령 138, 144
조선기근구제회 157
조선예수교장로회 168
조시연 146, 148
조진석 107
조철호 62
조형균 122, 128, 130
주기용 107
주기철 107
《중외일보》 100, 172

ㅊ

차균설 42, 45
차리석 45
찬무회贊務會 57
청년학우회 45
청일전쟁 28
최남선 45
최린 141
최명식 83
최성모 115
최원순 141

최유문 69

ㅋ

쾌재정快哉亭 36

ㅌ

태극서관 72
태화관 115

ㅍ

파고다공원 115
평양연회 45
평양자기회사 70, 71
평양장로회신학교 100

ㅎ

한경직 97, 107
한삼순 69
한성연회 45
한일현 148
한정규 146
함석헌 63, 166
함태영 111, 115
해서교육총회海西敎育總會 83
현순 111
협성동사協成同事 71
홍경래의 난 13, 15, 17
황봉기 128, 130
《황성신문》 34, 59, 73

기독교 민족운동의 영원한 지도자 이승훈

1판 1쇄 발행 2008년 2월 20일
1판 2쇄 발행 2020년 8월 15일

글쓴이　한규무
기　획　독립기념관 한국독립운동사연구소
펴낸이　주혜숙
펴낸곳　역사공간
　　　　주소: 04000 서울특별시 마포구 동교로19길 52-7 PS빌딩 4층
　　　　전화: 02-725-8806
　　　　팩스: 02-725-8801
　　　　E-mail: jhs8807@hanmail.net
　　　　등록: 2003년 7월 22일 제6-510호

ISBN 978-89-90848-36-9 03900

• 잘못된 책은 바꿔 드립니다.

역사공간이 펴내는 '한국의 독립운동가들'

독립기념관은 독립운동사 대중화를 위해 향후 10년간 100명의 독립운동가를 선정하여,
그들의 삶과 자취를 조명하는 열전을 기획하고 있다.

001 근대화의 선각자 - 최광옥의 삶과 위대한 유산
002 대한제국군에서 한국광복군까지 - 황학수의 독립운동
003 대륙에 남긴 꿈 - 김원봉의 항일역정과 삶
004 중도의 길을 걸은 신민족주의자 - 안재홍의 생각과 삶
005 서간도 독립군의 개척자 - 이상룡의 독립정신
006 고종 황제의 마지막 특사 - 이준의 구국운동
007 민중과 함께 한 조선의 간디 - 조만식의 민족운동
008 봉오동·청산리 전투의 영웅 - 홍범도의 독립전쟁
009 유림 의병의 선도자 - 유인석
010 시베리아 한인민족운동의 대부 - 최재형
011 기독교 민족운동의 영원한 지도자 - 이승훈
012 자유를 위해 투쟁한 아나키스트 - 이회영
013 간도 민족독립운동의 지도자 - 김약연
014 대한민국 임시정부의 민족혁명가 - 윤기섭
015 서북을 호령한 여성독립운동가 - 조신성
016 독립운동 자금의 젖줄 - 안희제
017 3·1운동의 얼 - 유관순
018 대한민국임시정부의 안살림꾼 - 정정화
019 노구를 민족제단에 바친 의열투쟁가 - 강우규
020 미 대륙의 항일무장투쟁론자 - 박용만
021 영원한 대한민국임시정부의 요인 - 김철
022 혁신유림계의 독립운동을 주도한 선각자 - 김창숙
023 시대를 앞서간 민족혁명의 선각자 - 신규식
024 대한민국을 세운 독립운동가 - 이승만
025 한국광복군 총사령 - 지청천

026 독립협회를 창설한 개화·개혁의 선구자 - 서재필
027 만주 항일무장투쟁의 신화 - 김좌진
028 일왕을 겨눈 독립투사 - 이봉창
029 만주지역 통합운동의 주역 - 김동삼
030 소년운동을 민족운동으로 승화시킨 - 방정환
031 의열투쟁의 선구자 - 전명운
032 대종교와 대한민국임시정부 - 조완구
033 재미한인 독립운동의 표상 - 김호
034 천도교에서 민족지도자의 길을 간 - 손병희
035 계몽운동에서 무장투쟁까지의 선도자 - 양기탁
036 무궁화 사랑으로 삼천리를 수놓은 - 남궁억
037 대한 선비의 표상 - 최익현
038 희고 흰 저 천 길 물 속에 - 김도현
039 불멸의 민족혼 되살려 낸 역사가 - 박은식
040 독립과 민족해방의 철학사상가 - 김중건
041 실천적인 민족주의 역사가 - 장도빈
042 잊혀진 미주 한인사회의 대들보 - 이대위
043 독립군을 기르고 광복군을 조직한 군사전문가 - 조성환
044 우리말·우리역사 보급의 거목 - 이윤재
045 의열단·민족혁명당·조선의용대의 영혼 - 윤세주
046 한국의 독립운동을 도운 영국 언론인 - 배설
047 자유의 불꽃을 목숨으로 피운 - 윤봉길
048 한국 항일여성운동계의 대모 - 김마리아
049 극일에서 분단을 넘은 박애주의자 - 박열
050 영원한 자유인을 추구한 민족해방운동가 - 신채호

051 독립전쟁론의 선구자 광복회 총사령 - 박상진
052 민족의 독립과 통합에 바친 삶 - 김규식
053 '조선심'을 주창한 민족사학자 - 문일평
054 겨레의 시민사회운동가 - 이상재
055 한글에 빛을 밝힌 어문민족주의자 - 주시경
056 대한제국의 마지막 숨결 - 민영환
057 좌우의 벽을 뛰어넘은 독립운동가 - 신익희
058 임시정부와 흥사단을 이끈 독립운동계의 재상 - 차리석
059 대한민국임시정부의 초대 국무총리 - 이동휘
060 청렴결백한 대한민국 임시정부의 지킴이 - 이시영
061 자유독립을 위한 밀알 - 신석구
062 전인적인 독립운동가 - 한용운
063 만주 지역 민족통합을 이끈 지도자 - 정이형
064 민족과 국가를 위해 살다 간 지도자 - 김구
065 대한민국임시정부의 이론가 - 조소앙
066 타이완 항일 의열투쟁의 선봉 - 조명하
067 대륙에 용맹을 떨친 명장 - 김홍일
068 의열투쟁에 헌신한 독립운동가 - 나창헌
069 한국인보다 한국을 더 사랑한 미국인 - 헐버트
070 3·1운동과 임시정부 수립의 숨은 주역 - 현순
071 대한독립을 위해 하늘을 날았던 한국 최초의 여류비행사 - 권기옥
072 대한민국임시정부의 정신적 지주 - 이동녕
073 독립의군부의 지도자 - 임병찬
074 만주 무장투쟁의 맹장 - 김승학
075 독립전쟁에 일생을 바친 군인 - 김학규

076 시대를 뛰어넘은 평민 의병장 - 신돌석
077 남만주 최후의 독립군 사령관 - 양세봉
078 신대한 건설의 비전, 무실역행의 독립운동가 - 송
079 한국 독립운동의 혁명 영수 - 안창호
080 광야에 선 민족시인 - 이육사
081 살신성인의 길을 간 의열투쟁가 - 김지섭
082 새로운 하나된 한국을 꿈꾼 - 유일한
083 투탄과 자결, 의열투쟁의 화신 - 나석주
084 의열투쟁의 이론을 정립하고 실천한 - 류자명
085 신학문과 독립운동의 선구자 - 이상설
086 민중에게 다가간 독립운동가 - 이종일
087 의병전쟁의 선봉장 - 이강년
088 독립과 통일 의지로 일관한 신뢰의 지도자 - 여운
089 항일변호사의 선봉 - 김병로
090 세대·이념·종교를 아우른 민중의 지도자 - 권동
091 경술국치에 항거한 순국지사 - 황현
092 통일국가 수립을 위해 분투한 독립운동가 - 김순
093 불법으로 나라를 구하고자 한 불교인 - 김법린
094 독립공군 육성에 헌신한 대한민국임시정부
    군무 총장 - 노백린
095 불교계 독립운동의 지도자 - 백용성
096 재미한인 독립운동을 이끈 항일 언론인 - 백일규
097 재중국 한국인 아나키스트운동의
    실천적 지도자 - 류기석
098 대한민국임시정부의 후원자 - 장제스
099 우리 말글을 목숨처럼 지킨 - 최현배